张艺谋访谈录

张英 著

岳麓书社

目 录

序 章

张艺谋小传

001

上 部

张艺谋电影访谈录

037

下 部

张艺谋奥运访谈录

153

:
序 章

张艺谋小传

一封信改变的命运

"我是比较低调、执着和坚持的人,不被干扰,一直坚持往前跑,机会给我撞上就成功了,再加上机遇,所有的机会撞上就成功。"张艺谋对笔者说。

张艺谋第一次改变自己的命运,是他给当时的文化部部长黄镇写了一封信,成功地进入北京电影学院,从而离开了咸阳市国棉八厂,成为一名大学生。

1950年4月出生的张艺谋,父亲和母亲都姓张,母亲张孝友后来曾任西安医科大学第二附属医院皮肤科大夫,父亲张秉钧是西安临潼人,在陕西农林局工作。

从小时候起,张艺谋就因为家庭出身和政治问题,一直是社会边缘人。张艺谋的爷爷是燕京大学的毕业生,后来当过民国时期陕西柞水县县长。爷爷剿匪不成,还被土匪烧了自家大院,逃到西安避难。这段经历刺激了爷爷,后来他把三个儿子送到黄埔军校读书。

"张艺谋大伯是黄埔九期,二伯是黄埔十五期。张艺谋的父亲排行老三。"①他们从黄埔毕业后,上前线带兵打仗,张艺谋奶奶想留一个儿子在身边,于是小儿子进了国民党军队,当后勤军需官。

1949年,国民党败退台湾之后,张秉钧和母亲留在大陆。张艺谋大伯去了台湾,二伯在胡宗南手下,在准备起义投奔去延安时,被军统逮捕后失踪。西安解放前,张艺谋父亲离开军界,去了陕西省财政厅工作。

根据解放初期的肃反政策,国民党的军需、军医等技术人员可以留用。新中国成立后,政府给张秉钧安排了一份新的工作,去省农林局下辖的一所学校工作。张艺谋母亲从西安医科大学毕业后,留在学校第二附属医院皮肤科工作。

张艺谋是家里第一个孩子,他的名字是爷爷取的:张诒谋。外公对"诒"字的理解是"诒者,勋也",是期望他在未来建立功勋,光宗耀祖。后来,张艺谋又添了两个弟弟——张伟谋和张启谋。

"文革"时期,张艺谋的父亲被定为"历史反革命",被打倒,在牛棚劳动改造十几年;失踪的二伯被定为"潜伏特务";大伯当时在台湾,原来是国民党军人。

"我当时是'狗崽子',是'黑五类'。"张艺谋对笔者回忆说。

母亲出于对三个孩子前途的考虑,也迫于当时的政治压力,一度打算和父亲离婚,给孩子们一个更好的环境。尽管父母最终并未离婚,可这件事给当时的张艺谋以巨大的打击,留下深深的阴影。

"我实际上是被人从门缝儿里看着长大的。从小自卑,心理和性

---

① 引自方希《张艺谋的作业》(北京大学出版社,2012年),第133页。

格就压抑、扭曲,一直收缩性地做人,从小养成这样性格,即使后来家庭问题平了反,个人的路走得比较顺,但仍旧活得很累。"①

1968年,张艺谋中学毕业,作为问题家庭的孩子,他是当时第一批到农村插队的"知识青年"。"我们被认为是没有出路的,户口什么都转了,一刀切全部下去当农民。我们班也有女生嫁给当地农村青年的,在完全绝望、没有出路的情况下,城里人才嫁给农村人,她嫁的时候也哭。"

那个年代离开农村,"知识青年"唯一的出路就是靠文体特长。

插队时,张艺谋带了画笔、颜料和油漆。在下乡的杨汉乡北倪村,他花了几天,给村里所有的门全画上主席像。"现在想来,那时候确实有政治激情,尤其要通过这种方式显示自己的忠诚,加上自己的出身不好,'黑五类',我就要把主席像画得比别人更大、更鲜艳,红彤彤。"

张艺谋篮球打得不错,远距离投篮很准,加上擅长写美术字、刷大标语、画主席像,这些文体特长让他迈过了政治出身问题,成为咸阳国棉八厂的车间辅助工人。

"我好像从来都这样,想做个什么事,先不声张,悄悄做准备。"②张艺谋说。进工厂后,他干过电工、搬运工。张艺谋总值夜班,黑白颠倒,很辛苦。他不懂摄影,就跟爱拍照的表哥借书,跟同

---

① 引自黄晓阳《印象中国:张艺谋传》(华夏出版社,2008年),第35页。
② 引自《张艺谋的作业》,第17页。

学借书，有一些书是同学从图书馆偷出来的。为了学会摄影技巧，他把借来的书，几十万字从头到尾抄一遍。

张艺谋学摄影，是想开个照相馆谋生。他靠着出板报、画宣传画、拍照片的特长，从一名生产车间干体力活儿的工人到被调入工会，成为办公室里的文职人员，负责宣传工作。

1978年5月，北京电影学院恢复招生，招收"文革"后第一批本科生，其中有摄影专业。28岁的张艺谋把这当成改变命运的机会，准备报名。但当时电影学院规定摄影专业只招22岁以下的学生。

张艺谋不甘放弃，挑选了一批摄影作品，利用一次出差进京的机会，跑到电影学院报名。负责招生的老师对他的作品赞叹不已，但得知他超龄时，只能表示遗憾："你先回西安，我们会向学院反映你的情况。"

正道不通，张艺谋决心挖地道。他再次跑到北京，托亲戚找到了画家秦龙，进而认识了电影学院摄影系教授赵凤玺。赵凤玺将张艺谋推荐到西安电影制片厂，制片厂的领导欣赏他的才华，同意接收。不过，咸阳国棉八厂虽然同意他考学，但不同意他调离。

张艺谋没有放弃，他再次托亲友辗转找到黄永玉和电影学院副院长吴印咸，并通过他们将自己的摄影作品和求学信转给当时的文化部部长黄镇。

黄镇在批复中说："我看了实在高兴，他的作品很有水平，应加紧培养，可以作为特殊问题，以进修生或其他适当名义，允他入学深造。"①同时，黄镇还在电影学院呈送文化部的草拟文件上批示："根据他的优异成绩，特殊处理。"

从6月1日到7月20日，从文化部到电影学院，各级领导就张艺谋入学问题，前后有不下十个重要批示。接到文化部函件后，电影学院仍不愿违背招生原则；文化部再次发函，请电影学院立即招收张艺谋。

最终的结果是，张艺谋如愿以偿，被破格录取，进入摄影系78班，学习两年。

"在电影学院我是属于那种埋头读书的类型，什么事我都往后缩，不张扬，也紧张，自己害怕，总是觉得有危机感，因为年龄、家庭出身、长期养成的习惯。在生活中，我从来不做太过分的事，尽量不去张扬自己，尽量低调……"②

曾任北京电影学院院长的张会军回忆说，当时的史料显示，电影学院当时并未让张艺谋报名，也没对他进行任何考试；只是同意其旁听两年，而后自谋职业。此外，学校不承诺发放文凭。

"当时我已经被折腾晕了。虽是破格录取，但不知是正式生、旁听生还是进修生。我也不敢问，怕把事儿给搅黄了。"③张艺谋回忆说。

学习满两年时，学院领导突然找张艺谋谈话，商讨其未来去向。张艺谋回忆说："我当时没心理准备，一听这口气，觉得继续学习是没啥希望了。"④准备离校前，张艺谋茶饭不思、坐卧不安，他对导演

---

① 引自张会军回忆文章《张艺谋1978年被破格录取始末：文化部部长亲作批示》。
② 引自《印象中国：张艺谋传》，第35页。
③ 引自《张艺谋1978年被破格录取始末》。
④ 同上。

系的田壮壮说:"我这一走,以后永远也见不着你们了。"[1]

张会军是当时摄影系的班长,他把张艺谋学习刻苦、成绩优秀的情况写进报告,提交学校领导。后来,北京电影学院给张艺谋补办正式的大学入学手续,就张艺谋继续学习的问题再次请示上级。

后来文化部明确回复:"同意张艺谋继续学习。"张艺谋终于获得了继续学习的机会,也拿到了他念念不忘的大学文凭。

从摄影、"影帝"到导演

大学毕业分配,张艺谋分配到广西电影制片厂工作,还分到了房子。

1983年,张军钊导演拍了《一个和八个》,张艺谋担任摄影。这是张艺谋的第一部作品。《一个和八个》是"第五代导演"的第一枪。因为这部电影,张艺谋获第一届中国电影节优秀摄影奖。

《一个和八个》原为著名诗人郭小川的长诗,讲述了在严酷的战争环境中,一位特殊的共产党员的故事。这部电影与以往的主流电影不同,主人公不是单一的形象,"八个"和"一个"共同塑造了这部戏的灵魂。

《一个和八个》拍完,送到文化部审查时,刚好碰上当时清除

---

[1] 引自《张艺谋1978年被破格录取始末》。

"精神污染"的运动，文艺界大批"人性论"，北京召开全国故事片厂长会议，《一个和八个》被当成"精神污染"重点批判。

时任广西电影制片厂厂长的魏必达在会议上为电影辩护："对于这批有事业心又勇于创新的青年人，应该关心和爱护，肯定他们的成绩，有缺点和不足不要过多地指责，如有错误应当由厂领导承担，由我作为厂长的来负责。"

十一个月后，1984年10月16日，《一个和八个》终于获得通过。

魏必达在厂长会议上的发言，被西安电影制片厂的编剧张子良录了音。张艺谋、何群和陈凯歌在西影的招待所，准备去延安拍摄《深谷回声》（后改名为《黄土地》）。张子良把录音带放给他们听，三人非常感动，给魏必达写了感谢信。

在《黄土地》里，张艺谋通过摄影机展现了深邃辽阔的黄土地、奔腾汹涌的黄河、高高的天空，整部影片体现出来的压抑自始至终紧紧地压在观众心头。作为摄影的张艺谋在这部片子里大展才华，也通过这部片子获得了赞誉。

《黄土地》是陈凯歌和张艺谋第一次合作。陈凯歌导演、张艺谋摄影，这部电影一口气获了四项大奖：法国第七届南特三大洲国际电影节最佳摄影奖、美国夏威夷国际电影节最佳摄影奖、瑞士第三十八届洛迦诺国际电影节"银豹奖"、第五届中国电影"金鸡奖"最佳摄影奖。

"在电影创作的过程中，我对天空的处理、对地平线的处理、对黄土的表达、对土地的描述，我觉得有一定的思想内涵。这是我们每一个去陕北的人都会有的体会，也是我在影片的摄影构图中所要表达的主要感受。"

拍《大阅兵》时，张艺谋和陈凯歌经常发生争执。张艺谋不想把自己的思维加入剧本，强势的陈凯歌难以接受，两个人不接受对方的想法，经常在摄影棚里争执。《大阅兵》拍完，张艺谋和陈凯歌选择分手，各自发展。

在《黄土地》采景时，张艺谋认识了西安电影制片厂的导演吴天明。当时，吴天明在米脂县拍《人生》，张艺谋、陈凯歌、何群拄着拐棍到《人生》的外景地借钱。两年后，吴天明要拍《老井》，请张艺谋当摄影。

吴天明想找一个真正的农民，演《老井》男主角孙旺泉，找来找去不满意，就想到了张艺谋。张艺谋不敢演，最后吴天明再三游说，他才勉强同意："是你让我来的，我不想演戏，因为咱这戏没人演了，所以我来，那演砸了我不负责任。"

张艺谋演《老井》，片酬五百元。

谁也没有想到，《老井》大获成功。张艺谋成为第二届东京电影节、第八届金鸡奖和第十二届百花奖的影帝。《老井》拍完，吴天明想把张艺谋调到西安电影制片厂，广西电影制片厂不同意。吴天明把张艺谋妻子调到西安电影制片厂图书馆工作，还给他们分了两室一厅的房子。张艺谋从此在西安有家了。

"在拍《老井》的过程中，张艺谋就给我看莫言的小说，他说他想拍电影，将来就叫《红高粱》。"[1]吴天明回忆说。张艺谋在朋友推荐下看到了莫言的《红高粱》，看中的就是高粱地里"这些男人女人，豪爽开朗，旷达豁然，生生死死狂放出浑身的热气和活力，随心所欲地透出做人的自在和快乐"[2]。

张艺谋把拍电影的想法和故事大概说了下，吴天明同意西安电影制片厂拍。《老井》做后期时，张艺谋就去了莫言老家，跑到山东转了一圈，回来就要了四万块钱种高粱。

张艺谋抓住了第一次当导演的机会，一炮走红。

《红高粱》荣获第三十八届柏林电影节金熊奖，还拿到了当年的金鸡奖、百花奖、香港金像奖，一举确立了张艺谋的导演地位，让他成为第五代导演的核心代表。

张艺谋回忆说："《红高粱》在筹拍阶段，就有人指责'张艺谋在《一个和八个》里就歌颂土匪抗日，这个本子又是些土匪加妓女，色情加暴力'。"[3]等《红高粱》拍完上映，又有人指责"《红高粱》里的人物活得浑浑噩噩，生命缺乏崇高感"。此前，还有人批评他和陈凯歌合作的《黄土地》"没有跟上火热的时代步伐，没有正面表达沸腾的生活，而是展示了中国蒙昧落后的一面"[4]。

针对这些批评，张艺谋回应说："电影首先是电影，拍电影要多

---

[1] 引自吴天明口述《吴天明：开掘中国新电影成长沃土》。
[2] 这是张艺谋对选择拍《红高粱》的解释，转引自张小虹《〈红高粱〉中的女人与性》。
[3] 引自罗雪莹对张艺谋的采访，《〈红高粱〉导演访谈录》。
[4] 引自郝建评论文章《〈黄土地〉：打起红色腰鼓，第五代出场》。

想怎么拍得好看,不要先讲哲学,搞那么多社会意识。我总觉得现在电影创作中'文以载道'的倾向太严重,如果所有的电影都是关于民族命运、民族文化的思考,那无论是拍电影的还是看电影的,都要累坏了。"①

十年艺术片时期

因为《红高粱》,张艺谋和妻子离婚,和巩俐走到了一起,两人开启了长达十年的合作。《红高粱》之后,张艺谋拍了枪战类型片《代号美洲豹》。

"《红高粱》拍的是农村,我就想拍一部城市题材的影片。"《代号美洲豹》很少被评论家提及,张艺谋自己也不愿意提:"那是个失败的作品,我根本就不想拍,但最后还是拍了。这部电影确实拍得不好,完全是因为我不想拍,还不是我没有发挥好的问题,它准备到一半我就想放弃,我找不到感觉。但那时候已经花了投资人九万,不拍了怎么交代?然后我就硬着头皮拍下去,剧本也是投资方给我找来的,我也没用心拍,二十七天就拍完了,所以真的很差。"

有了这个教训,张艺谋又掉头拍农村。《红高粱》还在后期剪辑当

---

① 引自罗雪莹《赞颂生命,崇尚创造——张艺谋谈〈红高粱〉创作体会》,《论张艺谋》(中国电影出版社,1994年),第169页。

中，张艺谋就看中了刘恒发表在《北京文学》杂志上的《伏羲伏羲》，理由是《伏羲伏羲》的主题完全与《红高粱》相反——《红高粱》写的是人性的活力和张扬，《伏羲伏羲》写的却是人性的扭曲和压抑。

"如果说《红高粱》表现的是没规矩、没王法，那么《伏羲伏羲》(《菊豆》)则写那规矩把人逼到墙角，置人于死地。《伏羲伏羲》感动我的是刘恒原作中对中国人毫不留情的批判和对中国人人性入木三分的刻画。"[①]张艺谋回忆说。

因为国内找的钱不够，除了在"中影"拿的一百二十万人民币投资，张艺谋接受了日本电影制作人德间康快的一百万美元的投资。当时的电影剧本叫《黑暗中的呻吟》，日本人觉得名字不好，电影拍完的时候，张艺谋才想好片名《菊豆》。

那时候拍电影基本上赚不了什么钱，从张艺谋到巩俐、李保田，一天都只有十块钱补助。拍了几个月的戏，巩俐挣的片酬都交给了中央戏剧学院的戏剧研究所，然后领每月一百多块的工资。

《菊豆》让张艺谋从摄影师成功转型成导演。"《菊豆》对我来说具有划时代的意义。在此之前，我还一直站在摄影师的角度，不太重视调动演员，不太重视挖掘人物内心，更注重电影的整体风格、造型和视觉冲击力。"[②]

《菊豆》拿到了香港电影金像奖十大华语片和戛纳电影节首届路易斯·布努埃尔特别奖、西班牙巴利亚多利德国际电影节金穗奖和观

---

① 引自李尔葳《张艺谋说》(春风文艺出版社，1998年)，第17页。
② 引自魏龙、柯北《谋天下》(中国画报出版社，2008年)，第78页。

众评选最佳影片奖,以及美国芝加哥国际电影节金雨果奖。

《菊豆》成为入围奥斯卡最佳外语片的第一部中国电影,一些批评者认为它刻意迎合西方观众的猎奇心理:"丢了中国人的丑、诬蔑了中国人的形象,张艺谋是想以此取悦外国影评人,想在国际影展中获个什么奖。"

也因为这些争议,《菊豆》虽然可以在国外发行上映,在国内反而未能全国发行放映。尽管电影在开头标注着"中国二十年代某山村",但依然未能避免张艺谋电影人生里遭遇到的第一个打击。

现实是个陷阱,张艺谋于是把目光投向了历史背景更模糊的苏童的中篇小说《妻妾成群》。

这是个"新瓶装老酒"的故事,描述封建社会里大户人家一夫多妻的日常家庭生活。张艺谋看中的是苏童与众不同的历史视角:"苏童作品中有价值的是写出了人与人之间与生俱来的那种敌意、仇视,那种有意无意的自相损害和相互摧残。"①

因为用的是台湾的年代集团的资金,侯孝贤成了这部电影的制作人之一。《妻妾成群》后来变成了《大红灯笼高高挂》,在保留苏童故事原貌的同时,张艺谋在电影中大量运用了红灯笼这一象征性道具,它既成为男性威权的象征,也成为电影叙事的有效手段,让几个女性的命运和故事彼此有了联系。

"我在影片《大红灯笼高高挂》中表现那种高墙大瓦、一成不变、

---

① 引自《张艺谋说》,第23页。

坚固的东西对人造成的压力和桎梏。点灯、封灯、吹灯、灭灯，我们加了很多的仪式。我觉得我们生活中有很多的东西，就像仪式一样每天在重复，包括我们的社会活动和政治活动，这些形式感构成了一种象征性。可以说，这种象征隐含了我在那个年代的一种忧患意识。当时审查时，给我的电影下的一个结论是'沉渣泛起'。"[1]张艺谋回忆说。

《大红灯笼高高挂》再次获得了奥斯卡外语片提名，并获得香港电影金像奖十大华语片，还获得了意大利第四十八届威尼斯国际电影节金狮奖提名。

1994年，在《新民晚报》上发表的一篇名为《文学驮着电影走》的短文里，张艺谋很感激文学界对自己的帮助："无数出色的影片和电视剧莫不是从小说改编而来，电影金字塔的最底下，那最阔大厚实的一层就是我们的文学了。文学驮着电影，走出了国门，走向了世界，让世界了解了我们中国。"

《菊豆》《大红灯笼高高挂》，还有《秋菊打官司》和后来的《活着》，这几部电影分别是根据刘恒、苏童、陈源斌、余华的小说改编的。因为这样那样的原因，张艺谋还有许多买下电影改编版权，但最终没有开拍的小说，比如格非的《迷舟》、贾平凹的《美穴地》和刘震云的《一地鸡毛》。

1992年，张艺谋一改自己的风格，开拍一部与中国社会现实很近的电影《秋菊打官司》。"这个电影是我对自己的补课，以前的电影缺

---

[1] 引自王世军评论文章《总结"对张艺谋的骂"：究竟谁是"文化怪物"？》。

少对人物命运的关注,这次我要把精力和目标集中在人物的刻画上。"①

在张艺谋原来的构想中,由香港银都机构投资的《秋菊打官司》是一部彻底的生活喜剧。但在开拍前,张艺谋把它改编成了一部纪实风格强烈的电影。原因是"秋菊一次次进城打官司,按照常规方法拍只是一个传统故事,没有鼓舞人心的力量和效果"②。后来,张艺谋决定用纪录片的手法拍这部电影。

巩俐出演的女主角秋菊挺着大肚子,扮演一个因丈夫挨村长的打骂而不服、层层上访的农妇,操一口陕西方言,一边吃饭一边用袖子擦嘴巴和鼻子。《秋菊打官司》获得了当年的威尼斯电影节金狮奖,"农妇秋菊"也获得了威尼斯电影节最佳女演员奖。

电影局为张艺谋、巩俐举行了一个庆功会,当时中央政治局委员李铁映在人民大会堂举办的新闻发布会上对该片给予了充分的肯定。正如电影中的"上级(法院)"给了秋菊一个说法,电影局也给了张艺谋一个说法,张艺谋此前被禁的《菊豆》《大红灯笼高高挂》也开禁公映,和《秋菊打官司》同年上映,形成1993年的张艺谋电影热。

从此开始,"活着"就好

按照张艺谋的工作计划,《秋菊打官司》之后,应该开拍王朔的

---

① 引自《张艺谋说》,第49页。
② 引自《张艺谋说》,第36页。

《我是你爸爸》。当时定的主角是巩俐和姜文。因为姜文准备拍《阳光灿烂的日子》，没有空当，张艺谋放弃了这个电影。两人这次合作未成，倒是为后来的《有话好好说》埋下了伏笔。

张艺谋最后开拍的是《活着》。

余华对笔者说，张艺谋最早看中的是他发表在《收获》杂志上的《河边的错误》。那是一个迷宫式的推理小说，张艺谋想把它改编成一个侦探电影。在余华家里，张艺谋想了解余华的其他作品，包括《收获》给余华的《活着》的清样。

第二天，张艺谋打来电话，说他改拍《活着》会更有把握。余华回答："如果我来改编《活着》，会比改《河边的错误》更容易。"

"张艺谋对我说过，一部影片只要有三场好戏就行了，而《活着》中有三十场好戏，电影受长度限制，当然就得割舍。这篇小说通俗易懂，叙述都是大白话，小学生也能读。后来张艺谋说，他拍《活着》，要拍得就连民工也喜欢看。"余华回忆说。

"我不想拍一部政治电影，小说里中国人身上那种默默承受、那种韧性和顽强求生的精神让我很激动"。在《活着》里，张艺谋放弃了以往电影的重造型、求气势，转而追求朴实的艺术风格，请来了葛优和巩俐主演"福贵"和"家珍"。

"福贵在大的时代变迁和大的政治动荡中无能为力，当苦难屡屡降临到他的头上，他活下来唯一的信念就是让自己活得更好。我觉得，在几十年前的中国，在所有家庭的潜意识中，就是'活着'两个字。包括我自己在内，我们都有这样的精神经历，就是活着，没有任何想法——听领导的，听中央的，听毛主席说的话，说什么都照做，不作他想。"张艺谋这样谈《活着》的创作。

《活着》在北京电影学院试映,看过电影的学者、评论家、影评人意见不一,有人称"《活着》真正走出第五代导演自筑的巢穴,是张艺谋的一次自我突破";也有人认为《活着》的叙事方式和电影表现手法有点回归传统,变成了谢晋,没有期待中的进步。评论界对此有针锋相对的观点。

一直与张艺谋合作的文学策划王斌目睹了《活着》的全部拍摄过程,他在《张艺谋这个人》一书中回忆说:"关于《活着》的主题,艺谋说,就是活着的还活着,死去的死了,说得再通俗点,就是'好死不如赖活'。"

《活着》赴戛纳参赛,获得戛纳评委会大奖及最佳男主角奖。因为电影背景的设定,《活着》最终未能在国内放映。张艺谋遭到两年之内停止与境外投资方合作的处罚。

很多批评者都感叹,假如沿着《活着》的路子继续走下去,张艺谋很可能会成为一个伟大的艺术导演。但《活着》的遭禁,使张艺谋的电影选择发生了改变。"张艺谋选择了谢晋的团团作揖,为了他的电影事业能够继续活着。这既是他本人的选择,也是被迫的选择。"李劼说。

"我不是一个能勇敢地站起来和别人斗争的人。我们这个国家很大,事情很多,也不是你一个人斗争得过来的。惹不起总躲得起吧,我只能采取躲的态度。这也不是谁跟谁妥协的问题,我知道我必须接受某种现状。在我现在的处境之下,我不能再找一个敏感的题材。"[1]

---

[1] 引自《张艺谋说》,第 121 页。

张艺谋意识到，如果不做出调整和选择，他就只能从此沉寂。

"《活着》一直没上映，我想短期内也不会上映。作为一个导演，如果你的作品中国人长期看不到，我相信是很失落的，我不能接受这情况。"① 张艺谋做出的调整是拍巴金儿子李晓的小说《帮规》。"这个题材跟政治无关，离现代社会距离也很远，它写的是人的故事。"② 《帮规》后来改名为《摇啊摇，摇到外婆桥》，是一个彻底的黑帮类型片。崔卫平说："在某种意义上，这部影片的确体现了制作者经历了挫折之后的某种收敛——尽管是有关'黑社会'题材，但最后却要'漂白'它，将它表现为一个'人的故事'。"

《摇啊摇，摇到外婆桥》是张艺谋的第一部商业片，张艺谋后来对它的评价是"不及格"。因张艺谋对上海文化的陌生，这部黑帮片并没有获得商业上的成功，巩俐在片中饰演的小金宝也未得到观众的认可。这回媒体不批评他展现阴暗面了，转而批评他"把旧上海的浮华演变为黑帮的厮杀，在偷情和活埋之间，隐藏着权力争夺和人性的阴暗"。

"我不能接受电影被人看不到"

"时代变了，进入另一个时代了，是所有人慢慢开始（变），并

---

① 引自《张艺谋：电影导演工作与电影制作》，张会军采访。
② 引自《张艺谋说》，第 121 页。

不只是我。"

《摇啊摇，摇到外婆桥》拍完，张艺谋和巩俐分手，和张伟平成立了新画面公司，合作了十年。

1990年的春节，张伟平和张艺谋在一个朋友张罗的饭局上认识了。当时张伟平做的是"药品代理、航空食品配送，偶尔也投资点房地产"。那次的聚会完毕，因为顺路，张伟平开夏利把张艺谋送回了家。

一路上两人聊得很投机，分手时又各自留了电话。过了十天，巩俐给张艺谋打来电话，张伟平顺便请巩俐和张艺谋来家里吃饭，就这样开始你来我往，两人成了无话不谈的朋友。

1995年，张艺谋准备拍《有话好好说》，不料投资出现问题。有一天，张艺谋见一个投资商，看见面时间早了点，他便去了张伟平家。张伟平见张艺谋闷闷不乐，宽慰着说"实在不行就我投吧"。张艺谋眼睛一亮，问："真的？"张伟平点头说："再过一个礼拜，如果投资还没有到位我就投。"两个星期以后，张艺谋资金还是没找到，只好给张伟平打了电话。

张伟平停掉了手上做的地产项目，剧本也没看，就打了两千六百万到张艺谋指定的账号上。"当时艺谋还跟我说电影跟你的房地产不太一样，这个要是投砸了就剩拷贝了。"张伟平听了也没往心里去。

今天来看，两千六百万不是一个大数目，但在1995年的电影圈，那绝对是一个大制作。《有话好好说》的主要投入花在演员片酬上，无论是姜文、李保田，还是李雪健、葛优、赵本山，都是当时的一线明星。

电影拍完了,张艺谋找到张伟平,说电影开始剪片了,得想发行的事了。对电影一窍不通的张伟平不知道电影怎么卖,找了几个发行商,几个回合下来,国内外的版权都卖给了保利的董平——国内版权卖了八百万,国外版权两百七十万美金。

滑稽的是,《有话好好说》上映时,张伟平在电影院里看到,电影屏幕上在制片人后面写的是张卫平。张伟平不想赚钱,只想把两千六百万的投资拿回来。结果《有话好好说》国内票房达三千多万,是那一年的票房冠军,但国外版权在董平手上放了半年多,却一直没有卖掉,最后还给了张伟平,砸在了手里,放到了现在。

《有话好好说》让张伟平赔了一千八百万,也弄清了电影是怎么回事。张艺谋很内疚,觉得自己连累了朋友。在哪里摔倒就在哪里站起来,两人讨论来讨论去,觉得应该把命运放在自己手上,干脆成立了专拍电影的新画面公司。

1997年,一心想给张伟平挽回损失的张艺谋,一口气拍了《一个都不能少》和《我的父亲母亲》。这两个电影没有用大牌明星,却分别拿到了柏林电影节的银熊奖和威尼斯电影节的金狮奖。

没想到戛纳电影节参赛名单公布以后,戛纳电影节主席雅各布公开表示,非常喜欢《我的父亲母亲》,不喜欢《一个都不能少》,认为张艺谋"替政府做宣传"。

1999年4月18日,张艺谋通过媒体公开了他写给戛纳电影节主席雅各布的信,信中说,他准备撤下已经送去的两部参赛影片《一都不能少》与《我的父亲母亲》。"一部电影的好与坏,每个人可以有不同的看法,这是很正常的。但我不能接受的是,对于中国电影,西方长期以来似乎只有一种'政治化'的读解方式:不列入'反政府'一类,就列入'替政府宣传'一类。以这种简单的概念去判断一部电影,其幼稚和片面是显而易见的。"

张艺谋再次成为国内媒体的热点,他的公开信成了新闻,上了中央电视台,《北京青年报》刊发评论说:"此次曾屡获国际大奖的张艺谋对戛纳说'不',是中国电影人公开对某些西方人'意识形态偏执'的公开挑战和明确回应。"

北京电影学院教授郝建则把这起事件看作是"张艺谋的退场秀":"雅各布读不懂那封信,那主要是写给中国人看的,张艺谋要用这封信把自己的骂名和恶名声洗刷干净——显示一下自己的政治态度。"

事隔多年,张伟平揭开了风波后的内幕:"当我们听说雅各布对《一个都不能少》的意见后,我们曾努力做过工作,张艺谋致函说明情况并没有消除雅各布对影片的政治评价。另一部影片《我的父亲母亲》在这种情况下才再次参评。"结果,雅各布个人表示"非常喜欢《我的父亲母亲》",并希望张艺谋撤出《一个都不能少》,以《我的父亲母亲》来替代。后来,"张艺谋非常气愤,这才公开正式声明将两部影片同时撤出"。

为打击盗版,当时国家版权局还为《一个都不能少》下发了版权保护通知,这是中国第一次对国产影片的版权实行"红头"保护。

张艺谋后来把两部影片送去另外两个电影节,《一个都不能少》拿到了当年威尼斯电影节金狮奖,《我的父亲母亲》拿到了柏林电影节银熊奖。

当《一个都不能少》在威尼斯电影节上获奖时,张艺谋站在大厅里接受记者采访时很感慨:"在中国拍电影难免会有各式各样的政治原因,外国人选择从政治角度看中国电影,这是文化的偏差。我把电影从戛纳撤回这事很正常,我用一种比较公开的方法表达我自己的观点,电影允许每个人有不同的看法。"

"《一个都不能少》投了一千两百万,后来九百万卖给中影,加上国外收回来三百多万;《我的父亲母亲》投资一千万,国内票房八百万,我们收回来三百多万,加上国外收回了五百多万,略亏;《幸福时光》投了一千万,电影既不文艺,也不商业,票房很不理想。"张伟平对笔者回忆说。

"商业大片是时代选择"

"国内能有三千万票房咱就满意了。"张艺谋没想到,《英雄》在大陆的票房最后达到了二点五亿。

拍了四部不赚钱的文艺片,张艺谋的压力大了很多,打算拍商业片帮张伟平赚回本钱。

2001年是张艺谋最困难的一年,他拍的《幸福时光》迫于市场压力修改结尾后上映，但票房只有五百万。张艺谋被当时的媒体称作是"票房毒药"和"江郎才尽"，口碑与票房都跌到谷底。

在回答记者的质疑时，张艺谋的辩解是"国产片市场整体的不景气和国外大片的冲击双重造成的"，同时他也承认拍《幸福时光》的时候自己处于创作低潮期，"不知道为什么，有时候剧组、演员都到位了，你突然发现没感觉，但是这时候你只能拍了，你还得把这种不安、沮丧和失败的情绪深深地藏在心里，不能让任何人看出来"。

同样是在2001年，李安靠武侠片《卧虎藏龙》异军突起，虽然它在国内的票房只有约两千五百万，但它却获得了那年的十项奥斯卡奖提名和一点二八亿美元票房，最后获得四项奥斯卡奖。

张艺谋找到新生代小说家李冯，和文学策划王斌一起，折腾出来了《英雄》。恰好投资《卧虎藏龙》的江志强看了剧本很满意，帮张伟平联系了海外的投资商。《英雄》从剧本策划到演员阵容和制作班底，都是冲着商业票房去的。

这时候的张艺谋已经对商业片有深刻的认识了："消费文化占主流谁都知道，电影你不要再曲高和寡了，再弄封建时代的东西也不行，必须结合消费文化、观赏性和娱乐性的特点，再融入你要表达的思想，通过消费文化的渠道给观众提供这样的好影片。"

张艺谋对笔者说："今天看《英雄》呢，不管你承认不承认，它都是中国大片的一个开端，是票房大卖的一个标志。可是我当年做这个是无意识的，后来也带来我拍这种商业电影的争论。"

拍《英雄》时，张艺谋已经想明白了："全世界就两百个大大小小的电影节，你见到的永远是那些人，这个圈子里的人全部加起来，也就五万人。你拍了个文艺片，最后只能在美国十家电影院放映，而一个武侠片，加上李连杰和成龙，就能够在五千家美国电影院放映。同样，没有大量商业片的出现，哪有文艺片的存在。"

《英雄》刚一拍完，靠着初剪的片花，欧美的电影版权就卖了两千万美元；靠飞机场的安检门成功制止了盗版，国内音像版权拍卖出了一千七百八十万元的天价。当现场拍卖师的喊价超过一千万的时候，坐在主席台上的张艺谋忍不住内心的激动，眼泪夺眶而出。此前，一部电影的音像版权也就卖三十万人民币。

《英雄》还作为第一部在天安门的人民大会堂首映的电影，开了新闻发布会。海内外六百余家媒体的记者和文艺界的评论家、院线的发行经理、电影局的官员，依次通过安检门的检查，上交了手机、相机等物品后，参加了《英雄》的首映。

有趣的是，《英雄》的放映是以反置画面开始的，经过数分钟，停机调整几次才恢复正常。首映式之后，新闻发布会在人民大会堂三层的金色大厅举行，厅内高挂"为中国电影加油、为出征奥斯卡助威"的大横幅，到处贴满了《英雄》的巨幅海报。两百名由大学生化妆组成的"秦军将士"分列主席台两侧，主持人陈鲁豫介绍说，他们的身高与国宾护卫队战士相差无几。

在这场发布会上，不再为圈子拍电影的张艺谋与媒体记者产生了直接冲突。一位男记者提问道："《英雄》这部片子除了打架、风景和大明星以外，你还有什么？"张艺谋回答："很多年后人家还记得你的电影中的哪怕一种颜色，那你已经很幸运了。"

《英雄》在商业票房上的最终数字是二点五亿。

伴随惊人的票房，《英雄》迎来了学术界的猛烈批评。

此时的张艺谋已经顾不得打嘴仗了，他接着完成了《十面埋伏》的拍摄，但《十面埋伏》迎来的评论是"故事和人物都有明显的漏洞，画面虽美，没有思想，没有灵魂，毫无新意，没有结尾"。

因为媒体对《十面埋伏》的负面评价过多，国家电影局还专门召集媒体见面会，"呼吁大家以宽容平和的心态看待国产电影，给国产电影提供一个好的舆论环境"。和批评者的立场不同，电影局是从中国电影产业的角度来看张艺谋的贡献的。他们为保证《十面埋伏》上映，甚至发文推迟进口大片的上映，"扶持国产大片是打造自己的航空母舰——抵抗外来的文化侵略"。

在《十面埋伏》导致的争议后，张艺谋开始远离文艺圈和媒体，不到电影上线的宣传期，张艺谋根本不接受媒体采访，不和电影圈的人士来往，也不在文艺圈的公开场合亮相。大多数时候，张艺谋躲到了新画面公司身后，把发言权干脆交给了张伟平。

张艺谋越来越沉默，越来越"得宠"。

为表彰张艺谋的电影对国产电影票房的突出贡献，电影局主办的"华表奖"给《英雄》发了三项大奖——"优秀对外合拍片奖""合作拍摄荣誉奖"和"特殊贡献奖"，后两项奖甚至是专门为《英雄》设立的。在《十面埋伏》之后，张伟平不用再找香港银都机构和有合拍权的国营电影厂了，新画面获得了电影局颁发的"合资拍片许可证"和"独立发行影片许可证"。

"当时好多文化精英都认为《英雄》《十面埋伏》不对、不好，但它其实是非常成功的，让大都市的观众在视觉上看到了一个奇观，这是在过去看碟的时代里中国观众享受不到的，这些观众就开始成为电影院的观众，从此中国大片的时代就开始了，这是张艺谋对中国电影的一个重大贡献。"张颐武说。

《十面埋伏》票房不如《英雄》，但张艺谋电影对商业大片的转型得到了想打造"中国文化航空母舰"的政府、想进入中国电影产业的投资商以及电影院线的全力支持。连续三年，从《英雄》《十面埋伏》到《满城尽带黄金甲》，张艺谋的三部大片都成为中国参加奥斯卡的选送电影。

让别人去说吧，走自己沉默的路

《十面埋伏》后，张艺谋为高仓健拍了一部文艺片《千里走单骑》。

"我们为什么拍这部片？就是为了堵别人的嘴，别人不是说我们拍商业大片堕落了吗？就拍部文艺片，几千万堵一把嘴，中国有几个导演付得起这种堵嘴的代价？"张伟平对笔者说。

拍《千里走单骑》时，张艺谋从高仓健那里学会了穿衣服。"受高仓健穿衣戴帽的影响，开始认识很多牌子，有一次我跟高仓健在日本做后期，他把我带到杰尼亚那个店，他就告诉我说，'艺谋你要穿这个牌子'。"

堵嘴的下一步是《满城尽带黄金甲》。很久不见的巩俐也回来了。这时的张艺谋成了一个奇特的电影现象：一边是政府、投资商、院线经理的拥抱和欢迎，是节节上升的市场票房和"唯票房论"的绝对价值观的出现；另一边是许多原来支持他的人文知识分子的猛烈批评。

虽然回到了张艺谋熟悉的历史，但套用了《雷雨》故事的《黄金甲》还是遭受了猛烈的批评。"堆满黄金、浓墨重彩地表现宫廷斗争，描写后宫乱伦，反人性，缺乏现实意义，文戏太弱，银幕上的豪乳晃晕观众。"

"一个问题成堆的电影体制，把好端端的张艺谋变成了一个文化怪物。这个富于才华的导演，最终辜负了我们二十五年前对他的热烈期待。"朱大可说。

但不管有多少争议，通过电影，张艺谋在中国获得了空前绝后的权力和资源。

除了和张伟平合作的商业大片外，他由《印象·刘三姐》（下文简称《刘三姐》）为开端，开始和地方政府开始合作"印象"山水实景艺术系列，西方人也找到他执导改编歌剧《图兰朵》和《秦始皇》。

甚至因为电影里突出的"中国符号"，政府也找到他拍摄申奥的宣传片。2003年，在奥运会申办成功后，张艺谋应奥组委邀请，负责2004年雅典奥运会闭幕式上的"北京8分钟"文艺表演。有人干脆给他封上了"国师"的称号。

雅典奥运会的8分钟表演赢得了西方观众的一片好评，却在中国引发了批评的浪潮。强大的反对声影响了政府的决定，原本内定张艺谋执导奥运会开幕式，后来改为面向全球华人招标，但最后，张艺谋击败了李安、陈凯歌、崔健等创作对手，通过了十一轮的考验，成为奥运会和残疾人奥运会的开幕式、闭幕式总导演。

张艺谋回忆说："据我所知，也许如果没有这'8分钟'引发的声讨，领导在指定总导演上会很干脆，不需要用一年多时间在全世界搞这样的竞标程序。"

三年奥运会完了，张艺谋拍了个《三枪拍案惊奇》（下文简称"《三枪》"）。张艺谋本打算拍《金陵十三钗》，不料陆川拍了《南京！南京！》，张艺谋决定将《金陵十三钗》暂时搁置。后来，张艺谋拿出了科恩兄弟的《老无所依》的剧本，准备拍一部悬疑惊悚的类型电影。因为张伟平的反对，张艺谋最后改买《血迷宫》的改编版权。"我对艺谋说，'现在全球经济危机，大家都过得很烦，看电影一定是去娱乐的，不希望心情弄得很沉重，或者弄得一惊一乍的，除了精神紧张刺激，还应该让观众得到很有效的放松'。"

考虑到经济危机的现实影响，张伟平希望张艺谋能够在《三枪》里添加喜剧元素，请赵本山和小沈阳出演。张艺谋很为难："这就是个悬疑的悲剧，怎么能用喜剧笑星呢？"张伟平的回答是："我相信你绝对有这方面的天赋，这个难度还能难过奥运会开幕式吗？"张艺谋听了没有吭声。

这不是张伟平第一次提这样的建议。上一次是《满城尽带黄金甲》，在剧本已完成、演员已全部选定的情况下，张伟平在开拍前提出改剧本，增加周杰伦的角色。"当时前有《夜宴》，后有《伤城》，原来影片很沉重，加了周杰伦，整个气氛都改变了。"

一个星期后，在上海出差的张伟平接到了张艺谋的电话："我准备见小沈阳。"张伟平一听就明白了，张艺谋想到了把喜剧元素和惊悚悬疑融到一起的办法。张伟平喜出望外，进屋就和曹可凡喝了三杯白酒。

此时，张艺谋和张伟平在《金陵十三钗》的主导权上也发生了矛盾。在女一号演员的安排上，张伟平建议用韩熙庭，张艺谋坚持用倪妮。张伟平还推荐了曹可凡，逼着张艺谋增加了贝尔和倪妮的床戏。

《三枪》和《金陵十三钗》让张艺谋遭遇猛烈批评，也直接导致张艺谋和张伟平合作的终结，两人撕破了脸皮。

在全国巡回宣传的路上，张艺谋和演职员都会戴着口罩和墨镜，到电影院看一场《三枪》，观察现场观众的反应，统计他们的笑声和掌声。但此时的张艺谋已经不在乎他们的批评了："现在媒体提起张艺谋，就是那个拍文艺片的大师，觉得奥运会后张艺谋拍商业片有失身份。我不拿自己当大师，拍个贺岁片怎么了？"

"我们的票房是很好，但没有这些批评，票房会更好。"电影《三枪》的一个宣传人员抱怨说。面对批评，制片人张伟平很气愤："他们看张艺谋的电影永远是五个字：羡慕、嫉妒、恨。"

北京大学教授张颐武这样分析"逢张必骂""逢张就批"的张艺谋现象:"中国的知识分子一般是不考虑受众的,自说自话,坚持艺术理想,想骂谁就骂谁,永远担当一个批评者的角色,代表了一种独立的'精神标高',这样的批评也是社会需要的。但是张艺谋绕过这些知识分子,直接走向普通电影观众,根本就不睬知识分子给他指引的道路,直接为观众服务拍电影。这次的《三枪》就更加明显,我直接为老百姓的趣味和需求服务去了,不跟知识分子掺和到一起。所以那些失落的知识分子永远骂他。"

让别人去说吧,走自己沉默的路。张艺谋越来越远离中国"影评人",包括他不喜欢的"首都文艺圈"。

"你个儿大,不打你打谁啊。就算我是李艺谋、王艺谋,他们一样要用新的力量、新的观念打你,就像我们历史上打谢晋一样,我觉得这是必然的。媒体有一定的话语权,对观众有暗示作用,比如跟观众对话,我就明显地看到这个变化。他们看完电影跟我们互动说的话特别可爱,很自由。但慢慢地,下一场、再下一场的对话,他们在报纸、电视、网络上受了媒体的暗示,问的话一听就是媒体上看到的。"张艺谋对我说,在市场化媒体出现这十几年后,媒体已经没有正常的评论了。

在接受美国记者白睿文的采访时,张艺谋说:"对我的批评有两大类,说我不是拍外国人的马屁,就是拍政府的马屁,还有人说'张艺谋是个投机分子,根本不热爱电影,完全是出于功利目的去创作'。时间长了,这些观点就成了既定看法,没有人知道我是一个什么样的人。"

"对这样的问题我很无奈,我知道我老了、死了,这些问题还会存在——很多人不了解我,他们都是通过别人的眼睛、耳朵、嘴了解我。贾樟柯、陆川不了解我,我的同学田壮壮、陈凯歌十几年不跟我来往了,虽然我们是老同学,但是他们(对我)的印象仍然是二十几年前的张艺谋。"

而提出张艺谋"用宝马品牌生产了一辆夏利车"的清华大学教授尹鸿则对我说:"张艺谋的电影已经成为一种言论的公共话题,绝大多数对他的批评,其实可能都是借题发挥,批评者可能只是想利用这种权利来证明自己而已。最尴尬的是,在张艺谋外,中国还有多少导演值得我们去关注、值得世界去关注呢?"

张艺谋说,《三枪》是自己最不满意的电影。"本来(我)没打算拍这部戏,可制片公司想挣钱,用小沈阳出演搞商业炒作,拼凑了一个不成熟的剧本。我感觉自己掉沟里了,因为它缺乏文化价值,是商业裹挟的产物。"

在《金陵十三钗》的宣传期,张艺谋和张伟平已经断了联系。2013年3月,张伟平公开指责张艺谋不接电话,张艺谋开始四处寻找新的合作伙伴。他们十四年的合作关系连同"新画面"都画上了句号。

2013年5月28日,张艺谋在北京和乐视影业签约。"我将翻开一本崭新的作业本,开启我人生一个新的阶段,那会是一个健康、充满活力和创造力的新阶段!"

《归来》根据严歌苓的小说《陆犯焉识》改编而成,原著年代跨度很大，从二十世纪三十年代一直到"文革"结束，主要讲述在时代背景下，陆焉识的个人命运及其家境的变迁。

在这部电影里，张艺谋和老情人巩俐再次搭档。巩俐和张艺谋，二十年来一直都是娱乐圈的焦点。两人在拍摄《红高粱》时相爱，张艺谋和妻子肖华协议离婚；两人在相恋八年后宣布分手，巩俐闪电结婚，嫁给新加坡富商后又恢复单身。张艺谋则和小几十岁的陈婷结婚，生了三个孩子……

在《归来》里，巩俐演的冯婉喻是一个隐忍、美丽的传统女性，年龄跨度从十七岁到六十多岁。男主角是老戏骨陈道明，他演的陆焉识和《围城》中的方鸿渐一样，是个懦弱的知识分子。

此后，张艺谋投奔了乐视影业，拍了电影《影》，讲述了一个从八岁就被秘密囚禁的小人物，不甘心被当成傀儡替身，历经磨难，努力寻回自由的人性故事。有评论家认为，张艺谋在这个电影故事里暗藏着一条精神脉络，也回望了自己和张伟平合作的那段复杂岁月。

七十岁以后的张艺谋，在电影上有了紧迫感。他抓住每一个时机，拍自己想拍的电影。2020年的电影《一秒钟》是一个与电影人有关的故事：二十世纪七十年代中期，看电影是人们重要的精神享受。西北某地，没赶上场次的逃犯张九声（张译饰）悄悄从农场溜出，就是为了看一场电影，那是一盘宣传性质的新闻胶卷带，他相信在那盘胶片中有他女儿的"一秒钟"影像。为了找到这胶片，他开始疯狂起来。在追寻电影的过程中，他偶遇了想要胶片的刘闺女（刘浩存饰）以及放电影从未失误过的范电影（范伟饰），因为一场电影结下了不解之缘。

2021年4月，张艺谋导演的电影《悬崖之上》上映，和以往的电影不同，张艺谋也是编剧之一。本片是由张译、于和伟、秦海璐、朱亚文、刘浩存、倪大红、李乃文领衔主演的谍战电影，为电视剧《悬崖》的前传，讲述了地下党特工们在严峻的考验下与敌人斗智斗勇、执行秘密行动的故事。二十世纪三十年代，四位曾在苏联接受特训的共产党特工组成任务小队，回国执行代号为"乌特拉"的秘密行动。由于叛徒的出卖，他们从跳伞降落的第一刻起，就已置身于敌人布下的罗网之中。雪一直下，同志能否脱身？任务能否完成？立于"悬崖之上"的行动小组面临严峻考验。

另外一部即将上映①的电影《狙击手》，由张艺谋和女儿张末联合导演，这是一个以抗美援朝为背景的个人英雄故事。该片以抗美援朝战争中的"冷枪冷炮运动"为背景，讲述了中国志愿军在敌我军备力量悬殊的境地下，与美军精英狙击小队展开殊死较量的故事。抗美援朝时期，中国人民志愿军狙击手刘文武枪法过人，美军倾尽全力欲将之消灭。面对敌人布下的天罗地网，刘文武临危不惧，同敌人展开周旋，最终扭转战局，成功击败对手美军狙击队，展现了朝鲜战场上志愿军战士艰难取胜的英勇故事和可歌可泣的奉献精神。

还未上映的电影《坚如磐石》②作为少见的警匪电影，讲述的故事是一个供职于市局刑事鉴定中心的普通青年警察苏见明，与李慧琳

---

① 已于2022年2月1日在国内公映。
② 已于2023年9月28日在国内公映。

联手调查一起暗流涌动、牵扯巨大利益集团的犯罪案件。为了调查案情，苏见明不顾位高权重的父亲郑刚的劝阻，赶赴富商黎志田的"鸿门宴"，在观看了一出黎志田愚弄他人、手入火锅的猖狂戏码后，越来越多的线索逐渐浮出水面。在这些线索背后的暗流涌动，让人隐隐感到一盘大棋正在筹谋。苏见明走了这一趟惊心动魄的侦查之旅，最终保卫了人民群众的安全。

离开张伟平之后，张艺谋开始放飞自我，随心所欲拍自己想拍的电影，牢牢掌握电影项目的主动权，不再考虑投资人，不再考虑票房，也不再想票房的数字。

"我从此结束了过去长期无序和不规范的合作模式，开始了与专业团队科学化、规范化的合作，我希望这种新模式能带给我更大的创作空间、更丰富的创作灵感和更强大的创作支持，让我能够排除不良干扰，实事求是、全力以赴地工作。"

活成了传奇的张艺谋，还能够再次创造电影事业的辉煌吗？在经历了奥运会开幕式、闭幕式的辉煌后，回到电影的张艺谋经历了《三枪》《山楂树之恋》《金陵十三钗》，这一回，他还能回到《红高粱》《活着》《英雄》的时代，再次达到那样的高度吗？

上 部

张艺谋电影访谈录

第一节

《三枪拍案惊奇》，奥运会之后的电影

1984年,张艺谋和科恩兄弟一起带着电影到戛纳参展。科恩兄弟带的是《血迷宫》,张艺谋带的是《黄土地》。在那年的电影节上,张艺谋看到了《血迷宫》,虽然不懂英文,但张艺谋还是看完了电影。

"我就大概知道一个故事框架,尤其是它中间埋人那段视觉张力很强,我当时很震撼,看完了以后记了二十多年,也算是粉丝了。"张艺谋买下版权,打算翻拍一个贺岁片——《三枪拍案惊奇》。

因为是贺岁片,张伟平又推荐了小沈阳,张艺谋干脆去沈阳刘老根大舞台看了二人转,又找来了赵本山的弟子程野、毛毛,加上《武林外传》女主角闫妮和导演尚进的加盟,《三枪》彻底变成了喜剧片。导演尚进干脆就负责了《三枪》的喜剧部分的拍摄。

连张艺谋的女儿也加入了《三枪》的制作班底。刚从纽约大学导演系研究生毕业的张末,回国当了父亲的助手,负责《三枪》的初剪。这可帮了张艺谋的大忙:"我一开始拍电影都是白天拍、晚上剪,很辛苦,她开始帮我剪片,我发现她剪得不错,有导演意识,后来我就不再熬夜了,就交给她剪,省了很多心。"

2009年10月28日,我在北京新画面工作室内,独家专访了张艺谋。

科恩兄弟要电影全球分账

张　英　忙完奥运会，你复出的时候原定选的《金陵十三钗》，怎么就突然变成《三枪》了？

张艺谋　我本来想拍《金陵十三钗》，这个剧本是2007年抓的，剧本已经很成熟了，但市场上已经有了《南京！南京！》这些同类题材，我想还是不要重复，加上《十三钗》牵扯到一些国际制作和国际演员档期问题，一时半会儿定不下来，我手上也没有其他可以拍的剧本。

现在影视圈下手非常快，稍微有个眉目的作家、小说，劈里啪啷就抢，很难抓到好小说。别人都以为奥运会三年里我手里肯定抓了一堆剧本，其实不是，第一我没有时间看小说，二来确实是剧本荒，等米下锅。今年过了春节以后，我坐在家里想起了二十五年前在戛纳电影节看过的《血迷宫》。那时候我刚拍完《黄土地》，去戛纳参展，在电影节上看的这个电影。当时很喜欢，只看过这一次，二十五年里就再没有看过，我隐约记得这是个有趣的故事，就重新找来碟片再看，还是很喜欢。我想也许能改拍，于是就让人赶紧联络购买这部电影的版权，国际版权买卖非常费劲，他们有专门的版权公司，谈判起来很麻烦，差不多等了一两个月，才把版权敲定。我真正开始动手将近4月份了，时间已经很晚了，6月的时候我们一定要开拍了，要不然电影上映档期就来不及了。包括做贺岁片、动小沈阳的念头，所有这些调整，都是很紧急的。

张　英　都是同步进行。

张艺谋　对，剧本、演员、拍摄班底，差不多都是同步做。我最早想按照《血迷宫》的风格做一个冷峻类型的电影。我想放在什么朝代呢？自由一点的话就放在古代，只做一个中国故事。后来，时间来不及，只能是贺岁档了。既然是做贺岁档，也不怕入俗、不用免俗了。张伟平就提议，那要不就用小沈阳？当红的这种明星。我当时觉得对不上套，差不多想了一个星期，觉得也许可以，给本山打了电话，本山也非常支持。

《三枪》其实就是一个很快上马的东西，没有太多地经过深思熟虑。只是说今年别空过去。当导演的就有这个愿望，甭管怎么样，先干活儿，也别想那么多。尤其我自己也不把这种奥运会后的复出当回事，所以就慌慌张张地这么上了。

张　英　　当初看《血迷宫》除了有趣之外，还有什么东西让你在二十五年里不能忘怀的？

张艺谋　　我印象中最主要的就是这种所谓的误会，在你眼前发生的一个"阴差阳错"，我印象最深。它是什么故事都忘了，就是主人公埋人那一套影像和那个"埋错了"，这个东西让我觉得很有意思。

现在《三枪》里我加了中国元素包装外，我就把它当《三岔口》了：上场门，下场门，你方登罢我上场，你来我往，你进我出，像个走马灯的循环，故意把它浓缩在一个环境中。这实际上已经是中国古典戏曲的那些结构了，浓缩了误会关系，加强了它的一种阴差阳错感、一种巧合，似乎在冥冥之中，你也会觉得有一种命运感，人是左右不了的，所以，每个人都在犯错误，而且似乎犯的错误也无法避免。举例来说，孙红雷演的这个角色，我们刻意地把他塑造成一个细心缜密的人，这个比《血迷宫》里的那个私家侦探要有趣，这个人没有犯过任何错误，当他再返回埋人地来找烟袋的时候，看到了小沈阳拉完屎留下的烟盒包，他必定要犯这个错误，因为那就是巧合。所以我觉得比较好玩，也许加上这样一种中式美学的包装，强化了他的命运感是很有意思的，能带来一个二度创作的快感，不能只重复人家的东西。

张　英　如果媒体不提之前的《血迷宫》，观众就觉得《三枪》是一个非常纯粹的中国故事。你也有意地去寻找、勾连《三言二拍》。

张艺谋　对，我是有意识地找《三言二拍》的这种东西来做一个引导，让人觉得这是一个中式的故事。还有比如说找小沈阳这种所谓的"丑角""笑星"来演，其实恰巧可以发挥他的长项，就是所谓的"娘娘腔"，所谓的"小男人不能担当"，其实最后是一个"小男人担当"的故事——鼓足勇气担当一把，还担当错了——这也是一种荒诞。可能从这个角度来说，也发挥了我的某种黑色幽默的长项。

张　英　你经常感叹在电影创作中，你承担了三分之二以上的编剧工作，那么这部《三枪》呢？

张艺谋　同样，从风格样式到演员确定，到整个的包装，乃至自己给自己找个美学起跳点，都得自己想办法，都得靠自己。这是没办法的事，也养成了这个习惯。

张　英　《血迷宫》版权的价格是多少？

张艺谋　具体多少钱我不知道。它是分两步，第一步，你要付版权费，第二步，它要全球票房提成，这很厉害。人家当年是花八十万美金拍的《血迷宫》，现在可不那么算账，所以都不低。

我最早看中的其实是科恩兄弟的《老无所依》，这两个作品我都很喜欢，但是《老无所依》谈不下来，为什么？它是一个新电影，它的签字权有很多人，从监制、策划到导演、美术，很多人都有这个权力。一部电影要那么多人签字，每个人都有利益，根本摆不平，我们无法让他们都签字。

后来也想到《老无所依》是一个黑色电影，似乎也不具备贺岁性。慢慢地，有一天，我就是坐那儿，突发奇想，一拍脑门儿：拍《血迷宫》吧！当时在场所有人都说——《血迷宫》是啥呀？我说，这是科恩兄弟的第一部电影。

科恩兄弟拍过很多脍炙人口的作品，《老无所依》可以看作是某种回归，很像他们出道的《血迷宫》。故事都发生在西部一个小地方，人和人之间的关系有一种疏离感，有一种冷峻、低调感，很像。所以《血迷宫》算是代表了他们的初衷。后来我就决定买《血迷宫》的版权，二十多年前的电影，还是费了很大劲。

张　英　但当时《血迷宫》的电影票房并不好，他们敢于提出全球票房提成，可见对你的海外票房很有信心。

张艺谋　对，《血迷宫》是科恩兄弟的处女作，也是他们的成名作。他也许觉得我现在拍能卖钱吧，所以要全球票房提成。

喜剧让知识分子笑，很难

张　英　《三枪》这个电影之于张艺谋，有点像《鹿鼎记》之于金庸，好像并非张艺谋，但处处都有张艺谋。你在拍的时候是否有这样的意识？

张艺谋　你想，这次我用这几个演员，确实有这几个因素，其实挺不像我的。我以前拍过一个《有话好好说》，但多少还在走人文精神的某种东西。《三枪》就有点像甩开了，咱就嬉闹剧，从嬉闹剧往惊悚部分或者悬疑部分转。

还有一个就是，我还是坚持我自己的某种特色，这是有意识的。比如我要让《三枪》像个现代寓言，我就要抽离一点时代。这个荒山野岭没有人，风高放火、月黑杀人，它就一个面馆。完全彻底的象征。另外，我突出电影的造型，找一个很奇特的地方当外景地，让它画面很大——我还是愿意用自己喜欢的这些招数。

另外我放大了孙红雷这个杀手的某种性格。电影里的很多细节也是很中式的——张三、李四、王五麻子这样的名字，还有这些夸张的服装。我拍过几部古装片，凡服装色彩必属于帝王将相，到了客栈茶馆酒楼，普通老百姓必定是灰头土脸，褐色、灰色，帝王将相则华丽至极。所以呢，只要一拍客栈，那都是灰调子、土调子、褐调子。

《三枪》里我干脆就大红大绿，强化视觉效果，达到所谓的赏心悦目，同时也要怪一点，不要像真的。所以基本上走的是这样的服装走向，色彩造型比较夸张，多少带一点点卡通式的处理，我希望能带给现代年轻人另外一种感觉——我们不知道什么是年轻人喜欢的东西，但我认为他们一定不喜欢老一套，他们一定希望有些新的东西，《三枪》对于传统的东西稍微有点新包装，我们就做了一些这样的处理。

张　英　《三枪》是个喜剧包装，在台词的设计上对你来说有没有什么障碍？

张艺谋　那我还是得力于有编剧，比如说徐正超，他本身是编剧，长期写舞台小品，抖语言包袱比较有经验。当然这种包袱是地域化的，出了国也许不一定能认，但是它在国内很有效。他们写小品，必须上台十句八句就要来一句精彩的话，尤其是单口秀、多口秀、脱口秀这一套的东西，他们都有这样的讲究。这个很厉害，给了我很大的帮助。我只是来鉴别好和不好，能不能用。所以这一部分基本上都是他的功劳。

张　英　戏曲有文戏和武戏导演之分，这部戏是有喜剧部分和非喜剧部分导演之分。

张艺谋　对，就把《武林外传》的尚敬给叫来帮忙一块儿来做，来攒，但实际上后来也不分了，就是一起来做了。拍完《三枪》，我自己的体会是喜剧挺不好拍的。把人逗笑挺不好拍，要让人真的哈哈笑，挺难。"搞笑"和所谓"庸俗"，其实只隔一张薄薄的纸，你稍弄不好就过去了。我们拍戏的时候，时时在困惑这东西俗吗，或者这东西怎么样。分寸很难控制。包括现在呈现出来的效果，也是仁者见仁，智者见智。

我自己感觉"搞笑"就像你养一群马，它必定在笑点上分了上中下三等。所以你看我这戏，有上点的笑，和剧情结合得非常好，也很有意思，"啪"打得很准。但其实也有中点、下点的笑。一个搞笑的导演让他的笑声全部控制在上点上，我认为这是不可能的。就像一个喜剧小品一样，老百姓喜欢，你想让知识分子也觉得开怀，并且觉得确实很到位，很难。

张　英　张伟平很有信心，他认为电影里的一些台词将成为流行语。

张艺谋　《三枪》哪个点是老百姓特喜欢的，还要交给观众去检验。哪一个点是可以流行的，哪一个点是可以供大伙议论的，都不好说。它还真的比一般文艺片的判断要多元化。所以有时候就我自己的创作也很困惑。因为你时时瞪着一只眼审视自己的所谓"俗和雅"的话，就很不好办了。后来，索性，算了，干脆就不管了，就这样。

我自己就一个原则——我会不会笑。我先看正超你给我写的词，我会不会笑。好，我笑。那我也不能完全算是一个俗人。我笑，好，有可能。我就相信我笑，我就不听别人的了。然后靠演员的检验，因为这些词要演员磨合，小沈阳、闫妮，或者程野、毛毛他们一演，我笑没笑。我要笑，好，就留着。

最后一关，我在剪辑台上笑没笑。看了很多次，我再剪，具体到一个细节上，每次到这里我还忍不住想笑，我就把它留住了，也不管"俗和雅"了。我得把自己搁成一普通人吧，要不怎么办？大概经过这样的程序，留下了电影里的那些东西。其实在拍摄中，搞笑的部分比现在多，现在的一个笑点在现场搞一串儿，因为严格要求，有些东西吃不准就删掉了。

张　英　　很好奇，这次拍《三枪》你没有用胶片，用的是数码。

张艺谋　　对，这是第一次用数码。我觉得未来是数字化的时代，想尝试下新技术。加上我用的这个 F-35 机器是刚刚出的，是目前最好的。我看过它的试验，跟胶片很接近，几乎可以乱真。这个机器生产出来，在亚洲我都是第一个使用的。他们免费给我使用，算是打广告。这个机器现在火了，因为听说我们用了，大家都用这个了。

张　英　　可以省下一大笔钱了。

张艺谋　　倒不是钱的问题，积累一些新技术的经验吧。用这个机器拍电影还有好处，可以解放演员。再有经验、再有自信心的演员，当你拍到十五遍以上的时候，他还是有些不好意思。胶片哗哗地走着，他就会觉得别人的眼光中有某种不满，演员是脱不掉这个心理因素的。这一条拍了三十遍，演员还是有压力。你再说，他都不行。这次，我就放开，我跟演员说，不是胶片啊。

电影重复拍得最多的部分就是程野和毛毛两人斗嘴的那段脱口秀，拍了将近一百遍。我们夜拍就拍了七八十遍，再加上他们的练习，有一百遍。这在胶片时代是不可能的。我原先是镜头来分切，后来我在现场决定，一个镜头拍下来。这样演员拍戏的时候，错一个字都不行，动作错了、节奏错了，或者你接慢了、接快了也不行，因为那一段话要一字不差。哎呀，难死了。

像这样的戏只有数字可以完成，拍一百遍、八十遍，有这个好处。对于小沈阳这些演员，他不像红雷那么有经验的话，（心理）就比较解放。所以我们在现场永远跟大家说，随便。还有一个经常就是"不练"。因为这种搞笑不能练，练了演员都没有新鲜感了。不练！直接来！有这个好处。

东北二人转带来了新鲜感

张　英　从二人转到电影，小沈阳、程野、毛毛这些演员有什么障碍需要跨越？

张艺谋　我觉得，第一个，需要引导，建立自信。第二个，需要发挥强项。我自己一开始很清楚，我知道不可以让他们按照我的方法做。这一定是两边都不讨好。所以我永远都是跟演员说，"你还能怎么样""你再送我们一条""你还想怎么样""你都可以""你随便搞"。比如说，沈阳他们演这个戏的时候，摔了很多跟头。这个其实就是发挥了他们的强项。因为他们二人转演员在舞台上，经常"啪"绊了喇叭线，摔一个跟头，被麦克风磕一下脑袋，装得很像，这种自嘲式的摔跟头是一个活儿，人人都会，能够取宠于观众。

举例来说，沈阳发现闫妮杀人以后，他惊慌失措。你想，让这样一个非影视演员去演惊慌失措，如果只是用脸来表演的话，你能拍多少时间？你拍十秒二十秒，你就拍不动了，无非就是"啊——"，惊慌失措。但是我让他摔跟头。

你看他摔了多少跟头？"啪"一下，"啪"一下，他把那种跌跌撞撞和所谓的"深一步，浅一步"表现出来，其实也呈现出了另外一种心理表演，就是那个连滚带爬、腿发软的状态表现出来了。我倒觉得在这个戏上，沈阳有一两个镜头真的演出了那个"腿发软"，这个不是影视演员可以完成的。影视演员摔一跤可以，要让他摔那么多跤都很像，挺难。沈阳给我摔一跤，他是要摔十五到二十跤让我选的，真的假的一块儿走。

程野有一个好处，就是他下台阶的时候，自然而然就"扑通"摔倒一个，打一个趔趄。我说程野，你这个挺好，把这个作为你永远的一个毛病，所以他在电影里总是"扑通"一下摔倒，很好玩。我觉得这样也是让角色向他们身上靠，发挥他们的形体表演。这样的表演带来另外一种生动，如果是那些影视演员，我们往往只集中在所谓内心描写、五官的刻画上，说不定还很乏力、很单调。

比如说，我给沈阳安排的失魂落魄，从出这个门、出这个门、摔这个跤、进这个门、进这个门、进这个门，这样一整套下来，需要十个镜头，需要四十秒钟。我如果拍一个影视演员，两个镜头，五秒钟，就演不下去了。因为二人转演员的表演，把表演时间拖长了，增加了很多独特的感觉。

张　英　　小沈阳摔跤很多，但感觉不重样。

张艺谋　　感觉不重样，当然也要安排他在戏剧性上有一些东西。我就很喜欢毛毛那个笑，那个笑一开始没人想到，她是那种粗嗓子"嘿嘿嘿嘿"，那么小的一个小女孩，发出老爷儿们的笑声。一开始我们就生活中逗，突然发现她的笑声很特别，所以就给她安排在那个关键时刻笑一段。后来我看那段样片，看多少次，笑多少次——"嘿嘿嘿嘿"，很好玩。

二人转演员不是叫"说学逗唱绝"，他们跟相声演员不同就是，除了"说学逗唱"，它要求每个人身上要有个"绝活儿"。我自己的体会，就是用演员身上的活儿，这也是我一个好的经验吧。

张　英　　闫妮这个演员的表演非常棒，《三枪》给她提供了另外一种成功。

张艺谋　　对，应该这么说吧，"能哭、能笑、能撒、能闹"的女演员其实不是很多。尤其那些撒开了的女角色，不太好演。女演员第一个有形象的问题，第二个确实担心洒狗血。有些很严肃的演员不一定那么能撒开。比如说张曼玉，很好的演员，不一定能在这儿狂喊乱叫，不怕洒狗血。

但是闫妮这个演员，我看过她的《武林外传》，再接触下来，是我们陕西人，发现她挺能撒得开。她既然撒得开，后来就这样演。最后拍她那场高潮戏的时候，我让她看了一些恐怖片，那些恐怖片里的女演员，戏其实是不好演的，她要从头叫到尾，惊恐尖叫实际上是个表演，但它总被正宗的学院表演派忽视，他们认为那不是表演。恐怖片、鬼片里少了惊恐尖叫是没有气氛的。所以我要求，闫妮，你就负责给咱叫好，拼命地乱叫就完了。后来她挺能撒得开的，而且做得也很好。闫妮的空间和弹性都很大。沈阳中箭倒地那场戏，她过去扶他，三五个镜头，我从下午拍到晚上一点，拍了十七遍，她哭得已经昏天黑地了，最后我有节制地要了一点点。这种表演实际上增加了演员的空间，在影视里很少有表演是让你歇斯底里的。闫妮的表现让我看到了很好的素质，所以我老跟闫妮开玩笑，我说你二十多岁都干吗去了，我说你应该早出来。

我表达的是人类不可控的命运感

张　英　这个电影多元、丰富，和《血迷宫》对照，《三枪》不是特别黑，人物不是特别酷，有暖意在里头，这种分寸是怎么考虑的？

张艺谋　首先，咱这么说吧，我们把它放在古代一个不可知的环境、不可知的时代中，那种冷酷、冷峻就没有对立的意义了。《三枪》不像《血迷宫》是一个现实主义作品，科恩兄弟的作品是一贯的冷峻和疏离，这是他一贯的艺术精神，有积极的思考意义在里头。你把它搁到古代就没有这个对立的意义了，也没有这种思考了。你坚持这种冷峻，也不知道你要象征啥，没有多大意义。

第二个是人性的温暖，我还是喜欢的。我觉得让电影里的每个人有一定人性，这种感觉是好的，不要完全是那种很麻木、很冷的感觉。可能对今天的年轻人来说，像小沈阳这个人物，他的"担当"和"不担当"就是有意义的。之所以前面用了很多嘲讽，说他这个小人物的胆小、胆怯，那只是为了后头瞬间的"担当"。尽管这个"担当"连滚带爬吧，但是他毕竟担当了。我是觉得这种温暖感还是要的。中国人嘛，还是讲究人情。也是这样子，小沈阳才用得对。你用小沈阳的这些小人物的胆小、胆怯、连滚带爬，你用九十九个连滚带爬、九十九个胆怯，说百分之一的"担当"、一个人的转变，还是有刻画的意义。

包括孙红雷、闫妮这些人物，我还是希望他们有一点人的感觉，所以就没有坚持人家科恩兄弟的那种冷峻和疏离感。当然，当你用戏曲元素包装，再加上搞笑和幽默之后，可能那些东西就彻底地淡化下去，就没有了。因为如果是冷峻和疏离的话，是很难把它搞笑搞起来的，所以也就算了，放弃原作的风格。

张　英　　你还是给每个人基本的理解和逻辑。你甚至还给了倪大红演的麻子一两滴泪。

张艺谋　　对。倪大红还很喜欢这样的一笔。我自己是觉得这个人要决定杀人，包括在前头说他生不出儿子来等，可能也未必那么轻松，不是一个视觉呈现的感觉，所以也可能他就是心疼那点钱吧。跟大红讨论的时候，他问为啥要流眼泪啊，我说那你就为钱不可以吗，孙红雷这家伙要了你十五贯（笑），就是加一点色彩。

张　英　　电影被娱乐了，但是还是要有你原来的东西，有人物，有性格，有你想说的那句话，那在这个片子里，你想说的那句话是什么？

张艺谋　　我觉得是某种不可控的命运感，甭管是好人还是坏人。虽然有很多文化、信息、色彩、造型的包装，但是我自己其实就是想说这句话。我们的故事就是一直在团团转，我们把这种不可控制放大了，把这个错误放大了。每个人都在犯错误，其实就是看到人的这种或孤独、或无力，在命运前的一种感觉。观众会从另一个角度看到每一个人的错误，又是那么合情合理的错误，看着你要奔东边就走到西边去了。我觉得会强化这种意识吧，老百姓也会觉得，整个就是阴差阳错。那也行，那也是个大白话。

其实要上升出来就是，咱要是文化人，说两句咬文嚼字的话，那就是一种命运。这个跟我们过去拍的很多主题也许都接近，就是说我们在大时代面前，在政治面前，在许多（事物）面前，我们是随波逐流地被摆布，是不可能控制命运的。世界大战如何发生，可能都是不可控的，最后就这样了。因为一些小的细节，一些错误，我都不知道我们犯了多少错误，谁知道呢？错误地估计别人，错误地估计自己，错误地估计形势，都可能犯错误。所以，也许这就是我想说的那句话。这句话用了《三岔口》强调式的包装，你上我下，你出我进，就把它刻意地安排在一个戏剧性上，去强化它这种不可控。

张　英　　你给了每个人物理解，但跟你其他的影片不同的是，这种理解不太刻意放大那个高潮。

张艺谋　　对。这种故事类型由搞笑转入悬疑之后，它要跟着故事走，它在人物面前不太能停得住。这倒也是这种类型的好处，就是它要跟叙事走。它不大停得住，说停到这儿，给点小音乐、给点镜头，都没时间，它会耽误叙述。

再加上我当时拍就想到这个节奏，我希望把它控制在九十分钟内。后来完成片是八十九分钟，除了三分钟的歌舞，整个片子只有八十九分钟，这就是我的目标。我想把它控制在一气呵成上，不让它拖泥带水，我不想把那个东西点出来。我就想这样过去，在这个节奏中，保持所谓娱乐性。在这种通畅的娱乐性中，让人家觉得，哎，这就是一个关于误会的故事，也可以了。

张　英　《三枪》结尾的处理，一开始就是这样的预设？

张艺谋　对，一开始就是这样。演员练那个舞练了快两个月了，练得苦不堪言，他们都跳不了还要在那儿跳。那段舞蹈我是一开始决定的，电影里有做面的镜头，后边我们借了东北秧歌民间舞的舞姿，但是他们不是拿的跳秧歌的手绢，拿的是面块儿在那里跳，既是舞蹈，又不完全是舞蹈。那样一个舞蹈也反映了我的观念：生活要继续。简单地说，就是你还得吃吧，还得喝吧，住店不住店都得先来一碗面。人还得吃饭，还得生活。所以，那三分钟的歌舞是从闫妮一边哭一边擀面开始的。

张　英　电影结尾所有人复活，坐到一桌酒席上欢声笑语，这是因为贺岁的缘故，还为了冲淡一点电影主题带给大家的思考和冷静？

张艺谋　其实两种都有。世俗一点讲，这是符合中国人贺岁的这个心理，也是我自己的一个观念，跟歌曲最后两句收尾是一样的："他大舅他二舅都是他舅，高桌子低板凳都是木头。"山还是山，水还是水，生活就是生活。陕西这两句俗语，在关中一带应用很广泛。这两句俗语就只是告诉你，一切会照旧，没有你或有你，都还是这个样。

电影的那个舞蹈、大家吃面，就是除了贺岁，可能还有这种感觉在里头：我们的世界观还是乐观一点，这只是个电影，你要让人沉重到什么时候啊？你看中国的改革开放，三十多年的改变，我们从"文革"的阴霾中走出来了。如此长的一个"十年浩劫"，中华民族都挺过来了，我们都可以走出来。用了三十年的时间，中国今天发生那么大的改变。所以，电影就只是个电影。没有必要让人老是在你营造的那个氛围中。

张　英　电影里的歌词都是你写的是吗？

张艺谋　有一部分歌词是我写的，就是副歌的那个"只是个传说"，这是我写的。写的时候也受了网络流行语的影响，"寂寞""传说"。那一部分快的，是刘娟写的，就是那个rap，一大堆那种话。但是我就不断地跟她切磋，给她一些意见。我说你这个一定说一些流行的、年轻人喜欢的，但是你也说得宽泛一点，你不要具体指啥，具体指啥就很不好办。所以现在大概就写成这个样子。

张　英　　这歌可以在网络上流行。

张艺谋　　我们组的人说，我说的那段可能会当手机铃声。

张　英　　最早的时候，有媒体报道说，《三枪》原来的结尾应该是小沈阳和闫妮终成眷属，很中国式的结尾。

张艺谋　　没有，始终是这样，还是按照《血迷宫》的结尾，我觉得这个结局还是挺有力量的，它增加了那种"命运的不可控"、那种误会，要是真的变成一个团圆结尾，主题就颠覆了。

张　英　　字幕占的版面很大，舞蹈占的画面是不是应该更大一点？

张艺谋　　原来做过一个版本，纯粹就是舞蹈，但是有人持不同意见，认为变成大画面，变成唯一性的话，有点强加于人，我觉得也有道理。另外有一类人看完电影结尾，还愿意沉浸在所谓误会感里。我的态度是，你可以看作是附加的，也可以看作是不要的，都可以。

张　英　　江志强的介入，或者外资介入，对你影片的各个环节有什么影响？

张艺谋　　没有什么影响，只是出钱而已。我从《菊豆》开始到现在（都是）。《红高粱》还全部是西安电影制片厂投资。到了《菊豆》的时候，已经是日本德间出资了。所以从那时候开始到现在，二十多年了，没有什么影响。他们不会干涉什么，他们只是投资。那现在呢，当然就更是投资了。因为人家觉得你这个牌子已经可以去经营了，他就不会指手画脚。

张　英　　《三枪》这个片子已经卖到什么程度？

张艺谋　　海外的版权都卖得差不多了，预售的，都是保底分账。因为我自己的个人品牌算是商业信誉吧，在海外已经有了一些固定的客户，五大洲都有。通常就是你有一个剧本，有导演想拍的一些东西，有一个演员阵容，就可以去卖了。

电影是创作，也是商业和娱乐

张　英　张艺谋也开始拍贺岁片了，而且是喜剧+惊悚悬疑，你对电影的作用和看法是不是发生了改变？

张艺谋　我总觉得电影说不了太大和太深的道理。我自己对电影的定义更倾向于流行文化——电影的功能很少，不是发挥在今天，而是发挥在未来的，那都是研究用的。一个电影过了二十年，我们再猛然回首看它，觉得了不起，能有几个人，能有几个知音呢？所以好莱坞或者外国再好的电影、再大的导演，就这一个月，就过去了；下个月就是新电影上了。

所以，电影它基本是沾着大量流行文化的痕迹和这种所谓季节性。这样的话，对于电影我自己的理解是，要把姿态放低一点，要顺应它的类型。现在不是越来越多的导演都谈论这个问题吗？就是说你别端着，你别苦大仇深，一定要怎么怎么样，慢慢地回到所谓娱乐精神。实际上，我觉得是在渐渐地接近艺术的某种本质性的东西。

因为电影的历史只有一百年，它太短了。这么短的一个艺术，固然媒体传播很快，但实际上，它绝对是季节性的、时令性的。所以，不用承载太多责任。当然，你也不要俗到啥话都不说，只是一味地取宠于观众，那当然也是下等的。但是也不要太寄希望于多大的野心。可能，我这个电影就有我这个观念在里头。所以，我不寄希望于太大的野心，我先把它一把做下来。差不多是这样子。

张　英　电影可以分成三个层面来看，一个是创作，一个是娱乐，一个是生意。原来很多对你的批判是仅仅把你当成一个创作者。

张艺谋　对，我（想的）还真没像你刚才总结的那么准。你刚才这几句话，是有道理的。电影是什么？电影是创作、商品、娱乐，它这三样其实都沾。这十年下来，评论界也罢，知识分子也罢，可能接受了这种多元化的定义——这实际上是个进步。因为过去中国人评价"创作"就是"万般皆下品"，所以电影作为艺术，很高尚、很高雅，这只是一种思想意义和文化品格的定位。直到今天，我们还有很多这样习惯性的定位。

我们真的应该用与时俱进的态度来看电影。那么作为一个导演，在这几方面自觉和不自觉做的尝试，都可以看作是合理的。以往评论界，我们叫"首文"——"首都文艺界"，可能寄希望或者愿意只做一个单向的定位。可是我不是很安分，所以我就这样那样，把大家概念也搞乱了。这实际上不是我有本事，是我们到这个时代的节骨眼上了，中国电影产业飞速提升，我们自己对主流电影的培养已经到了节骨眼上了。

我自己看电影产业，每天多少块银幕，到了十亿、二十亿，这都是数字。最重要的一条，电影是个产业的话，我们不是讲"文化"，它如果没有主流电影——所谓市场电影——它没有最大的这一块做支撑的话，它的艺术就待不住了。那总要有人下地狱啊，那总要有人堕落，去做这个事啊。

何况你还要面对好莱坞，好莱坞这块是最强的了，像它的篮球 NBA 一样，全世界都打不过它。韩国电影也罢，台湾电影也罢，都是例子。你要培养这块的队伍，那很简单。你要有强大的这块的创作队伍。不怕流俗，敢于流俗，敢于在庸俗中学习、成长。你有了自己主流产业的这一块，这才是对另类的、另外的、小众的文艺片最大的支持和保护。要不然，根本靠不住。

我们举个例子来说：如果今天中国所有的年轻导演全部拍影展的电影。拍影展的电影，就是导演的功名嘛。拍影展、拍小众，这个数字迅速会垮下来，年轻人就没有了进电影院的兴趣。最后，连你这几百万的投资都没有了。导演不会花自己的钱拍电影。这是个产业，花自己钱也不正常。所以，实际上，我们可能是触及了这一部分，是这个时代让我们有了多元性的认识。

张　英　你的电影在中国电影产业史上有里程碑的意义。现在回过头，你怎么看《英雄》《十面埋伏》《黄金甲》这几部电影？

张艺谋　《英雄》就赶上了这个时代的变迁。今天看《英雄》呢，不管你承认不承认，它都是中国大片的一个开端，是票房大卖的一个标志。可是我当年做这个是无意识的，后来也带来我拍这种商业电影的争论。是做文化精英呢，还是做堕落英雄呢？《英雄》的这些争论现在都过去了。那是一个时代的开始，那正好是这个时代让我拿《英雄》起了个头（不是我起头，也有别人起头），正好赶上了。

从《英雄》以后，我倒真的是有意识地做商业片。不管《十面埋伏》还是《黄金甲》,（不管）成功不成功，但是我是有意识做的。第一，我喜欢中国的动作。我是天生地喜欢，我不像有些人。有些导演，他天生都不喜欢，只是要做这件事，要跟上潮流。我天生就是个武侠迷。我跟大家说,大家可能觉得我打扮自己——我中学就看这些书,"文化大革命"的时候我就看这些书。我喜欢,我未来还会拍武侠片,我喜欢这种类型。

第二,那时候我有意这样做的原因,也是觉得需要这样的电影,也有点觉得好玩,并没有这种产业意识,只是觉得索性就把水搅浑吧,就有这点孩童心。既然大家都是一片批评,那我就再来一个电影,再拍一个电影。当然,《英雄》的剧本质量、故事等方面不是很到位,没有做成所谓经典,但它是一个过程。

这十年下来,我觉得确实已经很难拿第五代过去的观念和要求来看我们这些人。不是因为我们渐渐在老去,而是因为时代在进步。"八〇后"、"九〇后",乃至最后的"〇〇后",也许需要新的文化因素。那不是我们。我们可能生活在这个交界的地方。我总说中国会产生真正的好的商业导演、大导演。有这么好的文化来做底子,中国年轻人将来会有流行文化的领袖。

当中国电影产业发展到全世界第二位,甚至咄咄逼人要做头一位的时候,全世界都要刮目相看了。我现在不知道数字,他们今天告诉我,我们现在票房大概多少多少,大概全世界第十名第八名,我不知道。但是我们一定会到全世界第二。一定会到。

张　英　　基础呢？

张艺谋　　基础在这儿，我们有十几亿的人口，这样多的观众。所以，那么好的条件，我们光算数字到全世界第二，不行。要有大量的娱乐型电影、商业型电影，因为老百姓是俗人嘛，他要看这些东西，你这些东西有了以后才能稳住这个观影的人数，这很重要。

当然，我倒还没有勇气一直拍这样的电影，我还是会搞点人文电影，但是我会时不时地拍商业电影，时不时地拍。我不再把它看作是一个个人的事，我觉得我们需要商业电影。

中国电影需要继续保护

张　英　　要产生真能赚钱的电影。你的电影从来没在贺岁档放过，这次为什么选在贺岁档？

张艺谋　　这次是码定贺岁档才抓的题材，这个已经是倒过来了，以前不是的（张英：以前是打"张艺谋的电影"）。现在就是要打这个档期。甚至你说的这个结尾部分，载歌载舞，都有这个考量在里头。就是我们受到这些影响了。

比如说，从张伟平营销的角度来说，当然是要卖一个好价钱。但实际上，我自己觉得，把这个档期做熟、做透，进而延展其他的档期，也是一大快事。你干吗不那么做呢？应该来凑热闹。所以我也是有意识这样做的。我有这个资源，为什么不去弄它？我实话实说，在中国导演当中，享有资源优先的人并不多，所以我也可以去做一些事情。商业大于创作，也可以，是好事。因为你反正要拍一部电影。拍东也是，拍西也是，而且电影又是拍不完的。商业片、艺术片，《金陵十三钗》《三枪》，拍哪个好呢？那就先拍《三枪》，也不坏。

张　英　你有优先资源——商业资源、政府资源，在某种意义上都为你的电影提供了帮助。你能够享受到的实际的好处是什么？

张艺谋　其实没有享受什么实际、具体的帮助。咱就胡说八道，第一，你会享受到积累的人气资源。资金，对我来说也不是问题。包括外界认为，我似乎搞了奥运会，政府就会怎么帮助我，这其实是两码事。

比如我自己受到的电影审查，只严不松。每一次电影审查，领导都说因为是我的电影，告状的人多，写信的人也多，他们恐怕要考虑。这个镜头在年轻导演那里就不剪了，在我这里还是剪了吧。经常反倒是这样子。

实际上我觉得最重要的是，我们有越来越宽松的一个局面，尽管这种宽松度不是你期望的。我自己认为再往下的新一代领导人，应该说都是我们的同龄人，大家都经历过同样的人生，实际上是采取务实的态度。所以，我自己是很期望在有生之年能看到更进一步的宽松，因为我觉得这会带来电影的繁荣。

前段时间，我看《风声》，我其实很惊讶。

张　英　你觉得《风声》这个电影怎样？

张艺谋　它这样的电影能通过，我很惊讶。中国没有电影分级制啊，八岁十二岁的孩子都要看。《风声》能通过——我觉得十年前不能想象（这不是意识形态的问题）。无论怎么样，我们还是看到了随着社会进步而来的某种开放性，它哪怕只是个姿态，还是有好处。

张　英　纵向比，当然是进步了。但我们对国外这个二十部商业大片的限额还在，我们已经有了主流的商业大片，如果放开了，我们是不是能跟好莱坞有得一拼呢？

张艺谋 如果放开了，就是死路一条。我们没有形成有效的市场体制，我们只是偶尔露峥嵘，完全在一种不稳定状态。我们没有有效的营销队伍、市场机制、创作队伍、制作队伍，和好莱坞都差得很远，很不稳定，有点东一下、西一下。所以市场保护是必需的。

这一点上，我是很赞成市场保护的。无论是韩国电影，还是在台湾地区，都是如此。当你自己没有长大的时候，不保护是不行的，一上来就垮。但是，保护到什么时候呢？什么时候真正进入到一个自由的市场机制？不知道。我只知道要很多年，我能看出来是要很多年。

张 英 接下来你要拍的《山楂树》(指《山楂树之恋》)，你为什么选择它？

张艺谋 还是感情吧。《山楂树》写我们这代人的故事，在"文革"那样一个非常年代的一段比较纯美的感情，让人向往，我被那个故事感动了，就觉得可以拍一个典型的文艺片。当导演就是这样，就是有时候要变一下。要不然老了，怕腻，所以老变。那无非就是文艺片也罢或者类型片也罢，就是来回走嘛。

还有一个,有时候可选的题材很少,所以看中了,对方也愿意让我拍,就可以了。我觉得《山楂树》这故事让我有感觉,这种纯真本身抹掉了政治和时代以后,是一种很典型的东西,跟我们以前看的"文化大革命"的类型不太一样。它恰巧是诞生在 2000 年以后的一个作品,它已经不是我们这代人传统的一个角度,是另一个角度看那段历史。所以《山楂树》可能拍出来也不完全是过去的《活着》,或者是《我的父亲母亲》,可能和它们不太一样。这个小说相对比较完整,也比较纯粹,没有更多需要你去再添油加醋的地方,可以用朴实无华的、自然的一个状态,把它呈现出来。

张　英　　你早期的作品都是成熟小说拿过来改编的,现在等于又是回到那个状态。

张艺谋　　对。

张　英　　现在你的剧本还要审查吗?

张艺谋　　当然。我们是先给一个剧本通过令才能拍的,我的剧本不光电影局看,还要广电总局看,人家认真嘛,负责任。

《三枪》他们审查的时候倒真还啥都没说。审查也有意思，就是说看够不够暴力，一看这没有太多暴力镜头，就放行了。然后又是古代，好像不沾什么政治，这电影简单。

中国的"侠"秦汉后就没有了

张　英　作为一个创作者，站在今天回望过去，你的《英雄》《十面埋伏》《满城尽带黄金甲》，这三部大片分别给你留下了哪些经验和教训？

张艺谋　如果你要往前算，我自己认为我对"文革"题材是比较情有独钟的，因为那是我成长的年代。所以我的《活着》虽然受制于某种限制，但还是表达了我的某种感觉。可惜它没有在国内上映。

如果从《英雄》开始，往后一直到《满城尽带黄金甲》，实际上我觉得《英雄》可以拍得更好。我拍《英雄》的时候，没太多想那是一个分水岭，也没太多想它引起的轩然大波，我拍的时候只是希望它好看，在视觉上有很多创意。我认为《英雄》在视觉上还是有很多创意的。但是那个故事,或者说所谓的"人文寄托",我没有说好。

一个电影就两手嘛,一部分是好看的娱乐元素,一部分也要有要说的一句话,这句话可以说得结实一点,也许可以避免一些尴尬,可能会上升一个台阶。《英雄》这一手是硬的——视觉营造,那是我的长项。另一手呢,故事和人文性,我没想明白(笑)。我自己现在就是后悔,那个时候应该把它想明白了再拍的。我那个时候就光想视觉了,觉得这是娱乐电影、打的电影,就不要太多想。谁知道大众,或者说"首都文艺界"不这么想。所以现在我回过头想,我要用点时间、用点精神把这一部分想透,到底要讲什么话?或者说讲得比较有意思,也是有可能的。所以日后就是希望,再碰上同类题材的,把这个遗憾补上去。

但要做到这一点其实很难,后来的《十面埋伏》和《黄金甲》,它的视觉创意都赶不过《英雄》——它是我很多年想拍武侠、攒到那儿的一个厚积薄发。现在要再拍武侠,我还得攒一阵子(笑)。我不能马上就来弥补这个遗憾,因为我不是个天才。再讲现在武侠也是一窝蜂,有大量的电影,很多创意都一而再、再而三地重复,也还得再攒一阵子。

张　英　武侠片还有哪些可能性呢？

张艺谋　不知道。我总觉得中国古装动作这一类题材是个很大的天地，是个框，可以承载许多东西。虽然它不那么写实，更抽象一点，跟现实结合得不那么密切，但是它可以承载中国文化符号，也可以承载知识分子念念不忘的人文关怀。我就觉得这个题材还有许多空间，以后还有机会，我还想拍。

张　英　大陆版的武侠片和港台拍的武侠片，包括港台近期跟大陆合作拍的武侠片，隐隐约约都有一些差异，你怎么看？

张艺谋　包括现在，港台导演来大陆，跟大陆人裹在一起混杂地拍的东西，跟他们在本土的都不一样。怎么不一样呢？我觉得好像我们不太"搞"，我们还是相对讲究一点历史，这种所谓的"有出处"，比较严谨一点，不太"搞"。他们以前挺"搞"的，海阔天空的。

我们现在就是时代背景、人物关系啊，各方面好像还都是沾了一点落地的东西。我觉得是个好的影响。因为武侠或者说古装动作，其实是两种类型。武侠纯粹是创造，没多少年历史，如果你打金庸、古龙、梁羽生开始，没多少年历史；古装动作，范围很大，你几千年都可以写到。我觉得这两个东西其实不完全一样。

《英雄》就是很有野心嘛，想把这两个东西揉到一块儿，所以又套上了一个什么刺秦的很写实的背景，要做什么侠啊，还是做得不透彻。我认为我对"侠"的研究就缺少透彻性。这个"侠"到底是什么？它其实是一种知识分子的人文情怀——中国的这种"侠"是知识分子创造出来的，而不像日本的"忍者"，忍者真的是有这样的文化的社会延续，有这个阶层。中国秦汉之后就没侠客，只剩下门客，后来就成流氓、土匪了，所以我们是断裂了的。后来再从这个小说家手里写回的"侠"是一种想象，和日本那个武士阶层不太一样。所以，现在我看就武侠而论，开研讨会，学者们说啥是"侠"，都不能统一。

张　英　《黄金甲》虽然有动作，但是更偏古装。

张艺谋　对，《黄金甲》算古装动作。它取了《雷雨》的剧本改编，所以实际上算是宫廷片，写的也是一个宫廷里面争权夺利等这些东西。那时候把它跟《雷雨》套过来，其实倒是蛮符合的——中国的家庭和宫廷一样，它里面的封建文化、对人性的扭曲……那个主题倒是很清楚的，只是包装成一个带有动作的东西。

张　英　　你当年的《武则天》和你后来拍的《黄金甲》之间的差异在哪里呢？

张艺谋　　差异还是很大的。《黄金甲》不是按照《武则天》的风格拍的。《武则天》是我想了很多年的一个题材，一直没有得到一个好的剧本。我这个人很无能，就是自己写不了剧本，我得靠别人给我实施出来。我至今没有得到一个好的剧本，所以还是我的一个梦想吧。但是，中国的这个女皇帝，我还是对她很有兴趣的。不知道什么时候能碰上一个这样的好故事，那我就拍了。

张　英　　关于你作品里的色彩，对你的作品有过很高的赞誉，比如说《图兰朵》，西方评论家就认为你提着颜料桶往上泼。但有些评论家就认为《黄金甲》里面的廊柱、长廊，颜色用得过了，你现在怎么看这个问题？

张艺谋　　我倒觉得无所谓，因为什么是过，什么是不过，也不知道，因为没有标准，那就自己先接受吧。就像我们今天秦俑坑出土的都是彩俑，只是风化了而已，所以不知道。我自己是这么认为的，颜色不是什么大问题。就像《三枪》里这次孙红雷的颜色一样，我们用了青色，孙红雷浑身上下用的是青色。那我就认为古语中讲"青出于蓝而胜于蓝"，有这句话就一定有非常漂亮的青色。那同样，你仔细想古代是没有中间色的，因为它是矿物染料，它染出来就深的。它不是像现在用了很多方法把它兑了，兑了以后变成了各级灰色。

所以如果说某个皇帝喜欢鲜艳的颜色，他就会堆积出这些深的颜色。我们反正用的是五代十六国，你也不能肯定，哪个小国它就是这样的颜色。我倒觉得不存在历史的真实，不存在真实性的话，你可以尽情想象，所以标准也就因人而异了，你也就不要较真了，啥是过，啥是不过，它没有标准。所以我倒觉得这是我当时创作的一个想法。

我当时拍《黄金甲》是这么想的，咱不是金碧辉煌吗，奢华吗，那咱们就让它奢华到极致。我自己当时还是要找个人文说法吧，就是奢华到极致底下的人性的扭曲，它还算是一个反差。我们当然可以拍一个暗调子、低调子，通常这种悲剧拍一个低调子，黑黑的、蓝蓝的，当然可以。我说干脆咱们反着走，极尽奢华，所以基本上也算是一种主观创作，喜欢就喜欢，不喜欢就不喜欢。

张　英　　国内还有批评认为，大量被屠杀者没有给特写，没有照顾他们的……

张艺谋　　那个其实我觉得也无所谓了。其实我从来不对这个问题去做应答,那今天要回答你的问题,那么就得应答一下——其实,也不必。给个特写、给个近景,就是尊重;不给特写、不给近景,就不是尊重?恐怕也不能这么看,所以也不重要。你不能考虑这种东西,给一个近景——那你想,我们集中在六个演员或八个演员身上,那些士兵,你给了近景又能怎么样?比如说,难道我给了近景就没这批评了吗?仍旧会有这批评,只是换一个说法而已。

我当时倒是希望用一种"人像蚂蚁"的说法,所以你看到我用了很多俯拍。人像蚂蚁被践踏一样,像菊花一样。我都是用象征性的手法,我倒不想贴得很近去拍人的七情六欲。被屠杀的人就像蚂蚁一样。我认为那个时候宫廷的屠杀就是这样残酷。你看那些研究古代战争史、政变史的,通常就是血流成河。所以,反倒有一种另外的角度,我还是有意识的,不是说不尊重人的个性。不是。而是会让人觉得生命毫无价值。所以用了很多俯拍,加上电脑的射箭效果,箭如飞蝗,全射死了。

当然,还是在电影审查能通过的基础上。要是一个西方导演来,那真是给你血流成河也有可能。

张 英　我个人感觉,你有很健全的世界观、伦理观;看电影的时候,感觉你就像是一个叛徒,一个变质的人。

张艺谋　　是这样子。你想,到如今了,你不可能变了,你的世界观、人生观,你的所有都不能改变了。我不仅很健全,我还很坚定。我自己要拍的电影,我要说明的那句话,我都很清楚。但只是因为,出来以后,这个作品是社会性的。说什么话的人都有,这是人家的自由。我还很尊重,我也从来不做辩解,我更不做委屈的辩解。我倒觉得,大家说,这就是电影嘛。所以,就经常是这样的。其实,我自己啥事都想得很实才去拍的。不会是啥都没想就去弄。

第二节

《山楂树之恋》：源于张艺谋的"知青"情结

"我就想拍一部朴素、简单的电影。"

和用"加法"拍的电影《三枪》不同,用"减法"的《山楂树》在上映前,早早开了专家研讨会,放了媒体场。这回,围绕张艺谋的不再是那么多批评,而是专家们的掌声和肯定。

有过"下乡插队知青"经历的张艺谋,在小说《山楂树》中看到了自己过去亲历的生活,还有伤感的爱情。看到小说最后老三因白血病死去,静秋泪如雨下,放声大哭,五十八岁的张艺谋落泪了。

张艺谋接收了尹丽川、顾小白、阿美写的剧本,又请来了天津作家肖克凡做拍摄剧本编剧,对原有剧本进行修改。张艺谋反复抱怨没有好剧本:"我从拍第一部电影到现在,十分之七的工作花在剧本上,十分之三的力量花在导演上。我现在的梦想是能够有好剧本,把百分之九十的精力花在导演工作上。"

两个演员也找得不容易。演"静秋"的周冬雨,是以文艺特色见长的河北石家庄十二中高三年级学生,在南京艺术学院舞蹈专业考试现场被剧组人员发现,因眼睛纯净、笑容甜美入选;演"老三"的扮演者窦骁,是北京电影学院表演系大二学生,原籍西安,在加拿大成长,是剧组人员在北京电影学院直接挑中的。

在《三枪》当剪辑师的张艺谋女儿张末,这回是《山楂树》的第四副导演。"她是纽约大学电影学院五十年来第一个提前毕业的硕士研究生。"虽然不肯让女儿见媒体,但张艺谋很为女儿骄傲和自豪。因《山楂树》将在海外发行,张末还负责了电影英文字幕的翻译工作。

电影和小说是两种艺术

张　英　　你为什么不让女儿接受采访？张末她也是这部戏的执行导演。

张艺谋　　其实我根本不想让女儿曝光，我也不想让女儿浮到水面上，我也不想干扰她，其实关于她的话题这几天媒体都会问到，至少问一次，我基本上都是化解掉的。我没有听我女儿说过她要接受采访，因为她是成年人，我也不能代替她（决定）。她是电影学院导演系五十年来第一个提前毕业的硕士生，这次她的同班同学到我们组里来实习，都还没毕业，她是第一个提前毕业的，还是很优秀的。

张　英　　年轻导演也应该捧她啊！

张艺谋　　但是看我女儿自己吧，我认为她的感觉是不想像我一样，不想像我这么卖命。我知道她的三个职务，一个是现场剪辑，这个是她的工作，第二个是英文字幕，这个也是她的工作，第三个是副导演组，她是在我们正式的副导演的后头的，我们正式有四个导演，后来有一个副导演组，她并不是执行导演，执行导演的地位很高，执行导演就是导演，不在就她做，我们一直还没有一个执行导演。

张　英　你在意《山楂树之恋》观众的反应吗？

张艺谋　像《山楂树》，前期看过电影的人都是一些媒体朋友和一些有话语权的评论人，我觉得知识分子界或者是文化界还真的不算观众，所以我还是很好奇观众的反应，因为电影都是年轻观众。当然，不管结果怎么样，我仍旧不觉得我选择错误，那只是给我们中国电影现状和市场现状的一个反馈。

理论上我想应该能接受。首先，小说《山楂树》的粉丝，你不知道他们的年龄有多大，你也无法统计，所以也不知道《山楂树》的粉丝是不是会去看电影。总之像大城市、小城市，我觉得年轻人这个群体很大，两三亿人，所以不知道。

你要想听或者想看普通观众的反应，喜剧或者是悲剧电影是可以看出来的，一般电影是看不出来的。你只有化装或者是戴个帽子在观众当中感受那种磁场，灯亮了你就直接走，要不然会被人认出来。你更不可能去问你觉得怎样，真正的标准还是在于心里头，甚至无法用票房做一个百分之百的标准，你说对不对？

因为观众还有这样的一种心态——你麦克风伸到嘴前的时候，摄像机对着的时候，他会修正一些东西，这个是本能的。所以，实实在在的内心想法是不是可以在网络上发现呢？我觉得也未必，因为我们面对的群体太庞大了。

好莱坞的观众预测我倒参加过，《英雄》我参加过，那个相对还科学，当然被欧洲导演不屑一顾，但是相对科学。打分、拉人、分区、留下人座谈，我参加过全过程，倒也很有意思，还相对科学。

张　英　　这就涉及年轻人适应不适应这种爱情观。

张艺谋　　爱情观未必，内心深处有很多共通的情感这个是真的，比如说无论是什么外部的条件，我相信初恋还应该是纯洁的，就算在信息社会他知道全套的流程，（但）如果是初恋的话，他第一次还是会心跳。无论怎么样，这些部分我相信还是会有共鸣。当然这是我的判断，他们倒不一定要去了解那个时代为什么有这样压抑的爱情等，不一定要回答很多为什么，因为时代已经隔得很久远了。

张　英　　原作者艾米对电影很不满意。

张艺谋　　那个是每个人的见解不同，你一定要说把它拍到什么程度才是什么，那是不同的见解而已。对小说原作者我要多说几句，我不知道她是不是真的作者，其实从早期电影筹备开始，我看到作者就有一些不满。

我合作的大作家不是一个，从莫言开始，苏童、余华等，哪一个作家不大？我们都非常理解和信任，他们至少知道这是另一次创作，他们至少知道它跟文学是不同的，形散意不散就可以了，甚至有时候，你形也散了意也散了他们都理解，他们认为这是另一个艺术范畴。

我还是第一次碰到艾米这样的作者，有一点我觉得她的反应是很不好的：当我决定使用奚美娟、吕丽萍、孙海英、李雪健这些资深演员的时候，甚至还不知道他们演什么角色的时候，她就对这些演员本身的长相乃至气质进行肆无忌惮的评价，这一点我觉得不好，这些演员都是我非常尊重的演员，是资深演员，是好演员。你想象中他妈、他爸是什么样，你也别在那儿嘲讽，你可以去嘲讽张艺谋的选角。我觉得这一点不妥。

我现在就不再去评价艾米喜欢不喜欢、满意不满意，我只是说作为原作者如果想让自己的作品满意，你只有两个条件：第一，你永远别卖版权；第二，你自己当导演，要不然你不可能满意。

《山楂树》和武侠片

张　英　　你拍电影选题材越来越随心所欲了。

张艺谋　　对，我的电影都是先有这个故事，给了我感觉，然后再去设定它的风格，基本上都是这样子。《三枪》其实也是这样子，这个作品拿过来之后我很喜欢，其实第一次谈的是一个很酷的样子，很冷峻，很像原作的风格，但是我不满足，那就是一个拷贝版了。我觉得什么东西是原作者最不认识的，就像你拿我的《红高粱》去翻拍，你就翻成一个非洲《红高粱》，也没啥。什么最不认识？嬉闹剧，加嬉闹剧的元素会不认识。刚好那时候小沈阳也很火，这都对上了，所以这只是作为一种形式而言。

我认为《三枪》的反应，观众最后把它放大了很多，把不满、缺点放大了许多，这种反应的背后也很复杂，大概还有一种情绪，包括圈里、同行，因为奥运会都说好，天大的一个花环戴我头上，好不容易露的一个破绽，人人都要发言，也就有点出戏。

张　英　　所以《山楂树》首先它是一个很安全的题材，用了一种很安全的手法，有这个感觉吗？

张艺谋　　这个倒不能这么说，你要是在今天的商业大潮中，这个方法是最反潮流的，是很有可能赔本的，其实是要冒险的。因为所谓的安全只是对一部分影评人而言，但是这个是不行的，电影是要拍给年轻人看的。

坦率来说，我自己还是积累了很多创作经验的，其实我也没有想到普通老百姓在奥运会之后，对我拍《三枪》这样的类型电影他们也没有准备，而且很多人都批评，认为不该拍，我说这也是我的第一部，我说我是一个普通导演，看起来我要做一个普通导演还不好办。当然，我还是不想把自己伟大化、隆重化，把自己架在那里，那只是说我明白了，大家有这样的情况，那好，我下一次选择题材的时候慎重一点。

但后来大家又说到类型化电影的时候，我说这就是一个矛盾，类型电影需要反复去探索，我说我刚探索了一下嬉闹的，你们就把我吓回来了，我就得做严肃的、人文的？说心里话，因为这种嬉闹和庸俗只隔一张纸，最容易被戴上庸俗的帽子，因为知识分子要求的嬉闹多高级啊！嬉闹完了含泪还要思考，还是大问题，还不是小问题，不是一点机智就行了，这个特别难。要想嬉闹完了之后人人翘大拇指，这个很难得，而且还有那么多嬉闹的点，各个都要棒，这个特别难。所以，我认为它们真的是隔一张纸，我尝试之后看到大家的反响我就知难而退，其实我是很想以后继续尝试这种类型。谁是天才？不是的，我们都是不同的类型去尝试，然后做了积累。所以，《三枪》的缺点被放得很大，放大到已经不是那个电影本身的东西了。

张 英　　从《英雄》《十面埋伏》《黄金甲》，你每一部电影的野心大家可以看得很清楚，奥运会这个东西当然看得更清楚了。如果《山楂树》有野心的话，它是在哪里？

张艺谋　　其实没有什么野心，拍那些戏从来没有野心，我只是想尝试，因为这个时代到了，像我这样的导演去尝试拍一些商业电影我觉得完全可以，我只是去尝试。说心里话，我的野心就是一步一步做大，所以大家都认为是深思熟虑，是看准的，自我安排，自我造型，自我去塑造形象，这些都不是。

简单来说，我是武侠小说迷，这是"文革"期间偷偷看武侠小说培养的，然后我早就想拍武侠片，后来就搞了一个《英雄》。搞了一个《英雄》我还是按照我的老方法，就跟《红高粱》一样从文学中来，所以金庸的、梁羽生的、古龙的看了一大堆，最后发现都被港台拍过的，拍滥了。所以没有办法，就找了几个人，大家攒，剧本攒了差不多一年多，攒一个样出来了。这时，李安的《卧虎藏龙》(以下简称《卧虎》)横空出世，实在是太扫兴了，后来说算了，放弃，又觉得这是自己的心血，然后又拍。

其实《英雄》一开始是一个正常的小制作，因为我请《卧虎》的江志强来做投资，《卧虎》当年的海外市场很了不起，但是它没有挣到钱，因为它卖断给了哥伦比亚。当时大家没有信心，李安也没有信心，拍了一半没钱了，他基本上就是一次性卖给哥伦比亚，哥伦比亚赚了大钱，江志强没有赚到钱，但是他看到这个《卧虎》在海外打开的市场局面，他来找我拍武侠片，所以我请江志强来做老板，其实我完全不知道，他当然是觉得要把《卧虎》的损失在这儿拿回来的。他也看到了《英雄》的机会，他是一个很好的商人。所以他就问我说，要不要李连杰。我说，李连杰？那多少钱？他说，可以，没有问题，要不要找张曼玉？这得多少钱，我都没想过连配角都是甄子丹，这些我都没有想过，这得多少钱的片酬？他说没有问题，现在的市场很好，可以，他要投。就这样，就变成了一个大片，当然有了这些大腕儿，当年身价最高的都愿意来，当然也是看我的面子，我当然就要一千人了，当然就是大场面了，要配合了，就不能是内地了，又改故事，就一步一步这么来了，就突然出了一个所谓中国大片的时代到来了，其实也是巧合。

至今为止，《英雄》都是我卖得最好的电影，在海外市场，就是因为《卧虎》打开一个很大的海外市场，他们认中国的古装武侠片，《英雄》结果还提（名）了奥斯卡，这个很好玩。接着是失败，因为这个完了之后电影市场冷淡，老板告诉我这个市场太难得了，应该多拍几部，把这个市场弄热，我觉得有道理，那个老板告诉我说，我不拍谁拍？要把市场搞热。现在李安又跑去拍美剧了，拍得不沾光，然后又去拍一个小制作电影了。我想也好，我练手，而且我又是一个武侠迷，我觉得还不过瘾，就再来，其实就是没有特别设计，但是这个市场迅速就下去了，《黄金甲》就是最后一部了，市场就下去了。因为光有一个张艺谋不够，所以大家一窝蜂地上了好多部在市场上卖，也都卖得不错，趁机赚一把钱，外国人都不是傻瓜，最后发现还是老一套，中国风就吹过去了。

古装片和奥斯卡

张　英　你还会拍古装片吗?

张艺谋　现在古装市场在世界行情并不被看好,市场其实是很严峻的,别的项目还不要。我不相信在海外能卖得好,(现在)都是卖给一些老客户,又回到《卧虎》以前的局面了。

像《山楂树》这种文艺片,因为我的老品牌,我在五大洲有许多定期买我电影的,他们都买了二十多年了还在买,是文艺片他们都还买,这一点我比其他导演强一点,有固定客户,但是它也不是一个大收成。

《英雄》是卖得最好的,他们说史上有三个用英文当字幕的电影,我们是前三名,第一名是《卧虎》,全世界不(配音而用)英文打字幕的,包括法国、意大利。第二个是《美丽人生》,第三个就是《英雄》,这是我的最高纪录,但是现在都过去了,又回到原来了。

所以我说很多东西不是设计的,是我自己过瘾,现在我还没有过够瘾，因为这三部戏拍了之后，我自己觉得有两个问题我还没有过瘾，一个是我没有一个好剧本，我都是自己攒的，实在没有办法，拿《雷雨》来改编，（其他）都是我自己攒的，我觉得不行，但是我又不能回去找金庸、古龙，这些都是拍滥的，没有办法弄，而且没有一个好的武侠小说给我，没有好的故事。如果我有好故事，有思想性的，大伙儿还会说什么？

第二个不过瘾的就是打的演员都偏老，年轻的能不能上来，敢不敢做尝试？中国还是有很多好的功夫演员，就不是甄子丹，不是李连杰，能不能有新人，我想冒这个险，这个险比文艺片还大，但是我想冒这个险，那一定要有一个好故事，好得不得了的故事，你才敢冒这个险，要不然你跟它一块儿砸。因为现在市场退回去了，你要再起来可不是很容易。所以，吴宇森的《赤壁》卖得并不是很好，在海外卖得并不是很好，后来的这些古装片都卖得并不是很好。

张　英　　《山楂树》也要冲奥斯卡？

张艺谋　　这个不是我们说的，是媒体说的，因为首先是电影局要提名，电影局不提就不行。每一年到了这个季节，都是媒体先把这个话题挑起，然后又不断问每个导演，问每个当时有作品的导演你要不要冲奥斯卡，你怎么想的，是媒体把这个事情做成一个季节话题，弄得大家都得回答，于是导演们要么装清高，要么装不屑，要么环顾左右。

我个人认为真的不是导演们在这儿朝思暮想，到了这个季节就做这个梦的，我相信大部分导演都不是，为什么呢？就是有些规则，它不能选片，它必须由电影局推荐，就算你花十年工夫打造一个一定能得奥斯卡外语片的电影，电影局不推荐你，你找谁说理去？人家说该轮到他了，你不是打水漂吗？而且是由政府推荐，你找谁去？所以他根本不可能对着这个目标前进的，先是国内就过不了这一关。何况现在片子多，每个导演都觉得自己不含糊，每个导演都觉得自己的电影有得奥斯卡奖的希望，每个导演都觉得我能送。今年送完你，明年一定得送他，如果再送你，一堆信就上来了，说这个不公平，什么意思？所以基本上是没有办法预测的，风水轮流转，电影局又要平衡，因为（参与）创作的是一个团队。

有几次电影局的领导跟我说，我得理解，得轮到别人了。我们的美国发行公司让我们赶紧送，觉得这个片儿挺有希望的。比如说我们的那个《摇啊摇》，国内反映一般，但是那年索尼公司认为它特别有那个相，说其实挺好的，应该送。那个老板亲自飞过来见当时的电影局的局长，说一定要送，但是就是没有送，因为该轮到别人了。

张　英　　和导演一样，电影局也做不了主。

张艺谋　　类似这样的事情，我就说这个规则你是不能掌控的。我们当导演的真的不想到这个季节就去想奥斯卡，这是第一。第二，奥斯卡外语片的评选规则，媒体其实说得很少，老百姓都不清楚。

有许多这样的细节、规则，我一听到头就大了，基本上是不可能对准这个目标前进、冲锋，说自己铁定拿奖的。不可能的，要不然你是比较可笑的，除非你挺傻的，你什么都不知道地在做这个事情，原则上我觉得导演们都知道这些规则，没有不清楚的，所以大家是说心里话，它不是一个可以看到的目标。

这些点都要撞上，你才会像《卧虎》那样得了四个奖，你才会有那样辉煌的成就，这一点我还是佩服李安的。他不光是撞了大运，而且他也有质量，这是一切内因、外因，各种条件全部到了那里，就是我们中国人说的运到了那里，命到了那里。这个事情让咱们去运筹、筹划，导演好好准备一个剧本，最后获奖，这基本是不可能的。

张　英　　你经常抱怨剧本荒，你的创作团队呢？

张艺谋 我是一个善于用画面讲故事的人,我是一个导演的材料,包括发现演员,但我真不是一个编剧的材料,我也不是一个作家的材料,所以我就总是说我的梦想,我的梦想很低很低,但是也很难实现——我的梦想是某一天碰到一个题材、一个剧本,我基本上用一两个月的调整就可以开拍了,我把百分之九十的精力花在导演工作上——可是我没有遇到。

我从拍第一部电影到现在,十分之七的工作花在剧本上,十分之三的力量花在导演上,这就是我一直不甘心的原因,我真的是十分之七的力量花在剧本上,可是我不是一个文学家,我是一个讲故事的人,我每次到最后的几个月,就剩十分之三的力量,人的精力是有限的,所以我特别不甘心,我能不能在未来十年或者十五年,身体好的时候,能碰到一个(剧本)让我有十分之九的力量花在导演工作上?

好剧本是什么?三性——娱乐性、思想性、艺术性——都有了,这就是好剧本了。甭管什么题材,过去、现在、将来都可以,有很多人给你推荐的故事,那故事一看得花三年搞出来,只是想法还不行,要有现成的剧本。我也知道好歹,我也是知道自己值几两重。我到现在都认为我的力量没有完全使出来。

第三节

《金陵十三钗》：梦寐以求的好剧本

奥斯卡影帝克里斯蒂安·贝尔成为第一个出演中国电影的西方演员，他与导演张艺谋在影片《金陵十三钗》中重组了好莱坞电影的新模式。

"过去，外国角色几乎都是摆设，他们没有血肉和个性。这是迄今为止第一次将东西方有机结合起来的电影，并且这部电影将真正拉近中国与世界的距离。"张艺谋女儿张末对美国记者说。

贝尔出生在威尔士，父母是英格兰人。他的母亲是马戏团演员，因而贝尔和他的三个姐妹早年频繁迁居，居住过的国家包括英国和葡萄牙。他的父亲是一名企业家和杰出的经理人，他后来与女权主义者格洛丽亚·斯泰纳姆结婚。

而张艺谋有所不知的是，他和贝尔的电影道路早在二十年前就有所交集。那时在美国科罗拉多州特柳赖德镇举行的电影节上，十七岁的贝尔目不转睛地观看了《大红灯笼高高挂》。从那天起，贝尔就十分崇拜和尊敬张艺谋。

从导演生涯开始，张艺谋就有意使用新人演员，这些演员包括巩俐等人，此后都凭借张艺谋的电影一炮走红。这一次，张艺谋沿袭了他一贯的做法，片中饰演女学生和妓女的演员都是来自南京的新人，以确保应景的口音。其中包括十三岁大的张歆怡，她在影片中扮演书娟，并且是影片的旁白。

"当你起用新人时，他们往往能展现非常真实、与众不同的表演。"张艺谋说。

张艺谋还想让日本演员扮演日本军人。这是一个很棘手的想法，因为日本政府从未承认当年暴行确实发生过，只承认军队的死伤。"操作起来没有我想象中那么难。我相信每个为电影工作的人都决定把历史放在一边，只专心于故事本身。"张艺谋说道。

《金陵十三钗》在中国电影生产里创下了众多第一：第一次与好莱坞当红一线电影演员克里斯蒂安·贝尔合作；第一次与美国最好的特效团队威廉姆斯合作，这个团队之前负责了《拯救大兵瑞恩》《兄弟连》等电影的特效；第一部投资达到一亿美金的中国电影；第一次拍摄当中百分之九十使用新人的电影。

梦寐以求的好剧本

张　英　　你上次接受我专访时说,导演梦寐以求的就是一个好剧本,《金陵十三钗》是这样一个好剧本吗?

张艺谋　　好剧本的成型是需要漫长的时间的。我自己觉得需要不断的打磨,首先严歌苓的小说原作有这样的好基础,刘恒的剧本又给了最有力量的一跳,当他写出第二稿的时候,我就觉得电影可以开始了。

我以前的电影,往往要花很大的力气在剧本上,到我拍片的时候,往往精力已经用掉很多。这次刘恒的剧本给了我最有力量的一个支持,他的二稿完成后,我组织了很多次的讨论会和策划会,让文化精英们提意见,包括我自己也动笔,反复再去修改,等等。这中间又过了好几年,我又继续把刘恒、严歌苓叫回来,不断润色,反复打磨。最后的电影剧本,是集合了两位作家和很多朋友的意见,所有的智慧都融合在一起,现在来看也很难分出哪一句是谁的了。

我还是那句话，剧本是电影最重要的基础，花再大的力气、再长的时间也不为过。我现在的终极目标：希望下一次再有运气碰上一个好剧本，碰上好编剧。

张　英　　最初，你觉得严歌苓的小说独特，独特在哪里？

张艺谋　　以南京大屠杀为背景的故事已经很多很多，未来还会不断拍成电影、电视剧，可已有的作品大部分都似乎形成了悲剧、正剧、悲壮的正剧，等等，这个题材在意识形态和价值观的认知上，几乎已经接近规范化了，空间很小，拍得不好，非议还很大。所以它基本上不是一个再有创作空间的作品了。

严歌苓的这个小说在这种空间很小的地方有了新的突破，从小女孩孟书娟的视点展开叙述，就是一个突破点，它非常值钱。小说让我想到一个定格的画面：通过彩色玻璃（看），一群花枝招展的女人走进教堂，这个是很独特的，我为这个独特的镜头而激动。

张　英　　在电影里，小女孩那种不断的口语叙述，她的声音形成了电影的结构感。

张艺谋　　对，这是电影叙述的一种方式嘛。如果孟书娟活到今天，九十多岁,让她回忆,让她反复对着媒体讲她的故事,每一年南京大屠杀纪念日都出来讲,最后她会迷失到这个混乱的回忆中去。她会所有的事情都记不清了。

那么这段历史,在一个十二三岁的小女孩孟书娟这里,她记住了什么,她的眼睛记住了什么,这其实就是我们的特色。这些画面很可能在电影的篇幅中占得不长,但是它是一个杠杆,它可以撬动一个感觉,让这部电影成为可能。

张　英　你要拍一个不一样的电影,这个"不一样"在哪里呢?

张艺谋　孟书娟这种主观的回忆、瞬间的记忆,带来的一种美丽。我自己是这样想的:这个小女孩没有记住残酷,她记住了美丽,就像我们人的本性,我们愿意忘却那些痛苦,我们记住了一些美好,我相信是这样子,似乎是我们人类一种本能的东西,所以我相信九十多岁的孟书娟最后的记忆应该是美丽的。

如果是这样,那它就给了我特别好的一个契机,就是说,当这些美丽的记忆还原成瞬间的时候,它就不仅仅是形式,美丽不是色彩和画面的形式,而会直达内心,直达塑造人物的基本点,我觉得这个就很有意思。因为她记住了这些美丽,她其实就记住了这些可贵的、可歌可泣的人。

我觉得外表的美丽、画面的美丽，将和内心的美丽融合在一起，哪怕只是短短的一瞬。可能就是这样的东西让你有很多这样的想法，你会觉得：哎，这个南京题材跟别人的不一样。

张　英　已有的南京大屠杀电影，你都看了吗？

张艺谋　必须的，我是2007年初就买下了版权，那时我还不知道有《南京！南京！》，我在筹备奥运会，其实南京大屠杀这个题材是共有的，人人都可以拍。

我们还在抓这个题材的时候，改剧本的时候，陆川的《南京！南京！》就出来了嘛，当时大家都很紧张，问我还要不要拍。我说，当然要拍，我们还继续磨剧本，一步也不要停，未来还有很多南京题材，但是我相信，我有自信，我们这一部可能是比较独特的一部，所以我坚持把它继续做下去。

当时周晓枫顾虑这类题材拍得太多，或者说一直没有断，我倒觉得这恰巧是最挑战我的。南京大屠杀拍那么多，一说南京大屠杀题材就想到这个电影基本的样子、基本的风貌，这个题材非常固定化。越是固定化的题材，你如果有个性，越值钱。

就像刘恒写的《张思德》，那个多难写，那个太固定化了，毛主席已经评价过了。你想，他没有什么空间了，他写出来了。我觉得它很有挑战性，不能说是优势，而是说别人再拍多少年，可能我们这个还是会不一样。

张　英　严歌苓的小说你是 2006 年看到的，什么时候找的刘恒写剧本？

张艺谋　大概是 2007 年吧。第一稿的整个创作过程完全是在摸索，难度很大，比如我们把小说中两个外国人合成一个，还有很多非常颠覆性的想法，因为要把它还原成一个电影嘛，所以就从小说里的许多元素中变来变去的。

刘恒写得很艰苦，他是至今为止我唯一看到的这样一个作家：在写剧本前，会把电影里的人物弄厚厚一本人物小传，每个人物都是有祖宗八代的历史，一个个都给他写出来，这个太厉害了。第一稿给了我们一些砖头、瓦块，给了我们一些材料，但是还不确定，后来我又跟刘恒谈剧本，当时奥运会已经很紧张了，但还是抽空跟刘恒谈。我记得晚上很晚了，我让他在某个地方等着我，我就赶过去跟他谈了两个小时，然后马上又走，我只是给他提供一些可能性，希望他再写一稿。谈了一段时间之后，刘恒说，好，他静下心来再写一稿。

哎呀，当时我就在心里说，老天爷保佑这稿成吧。因为我跟刘恒合作两次了，因为我对他有一些了解，他前两稿最重要，他不是一个可以无休止陪着你磨下去的作家，他会很快就疲倦了，可能就不行了，所以我就觉得第二稿一定要成。后来读到他的第二稿，我就很高兴。他的第二稿是真见功力，真的是写出了许多许多电影重要的东西。

张　英　严歌苓作为编剧加入，是在刘恒的二稿之后？

张艺谋　对，二稿以后。我通过周晓枫跟歌苓是这样说——你不能放手，你是有洋人那边的经验的，我们这边都是本地作家，所以无论我找谁写剧本，最后你都要给我们润色，至少你要给我们负责那些外国演员那部分的台词，这个是最怕把握不准的。

我跟歌苓有这个约，歌苓说她尽量。刘恒的二稿出来之后，我们再整理，整理好了以后就发给歌苓，就说歌苓你也必须参与，因为这是一部女人戏嘛，女性的视角和特质非常重要。两个大作家很欣然地就同意了，说没有问题，我们两个可以联合的，接受和对方一起来做，我觉得这对我来说，真的是一个好消息。

歌苓个人很尊重刘恒，她认为刘恒的剧本写得很好，然后她就从女性的角度，尤其是我坚持的那个少女的角度，还有就是外国人的角度进行调整。比如英文的台词的味道，在这些方面，歌苓是功不可没，一直在做这个事情。

张　英　　一个中篇小说要拍成一个电影，实质上是要加很多东西，在刘恒、严歌苓创作剧本的过程中，你加了哪些东西？

张艺谋　　我是一直参与其中吧，你可以这么说。当然，我的文笔是太差了，但是我也写。也没办法，因为我不能永远黏着两位作家，他们都是灵感来了瞬间爆发的人，但我是一个可以长期坚持的人。我也不能依赖任何人来救我，我也得先救自己，所以我奥运会之后，在拍《三枪》和《山楂树》两部电影的同时，我一直在磨这个剧本。

每次我改一些东西，我都战战兢兢给两位作家说，你别看我这文笔好不好啊，你看我的意思，我可能要的是这个意思，你明白就好。两位作家也很高兴，很多东西来回改，我改一改发给他，他改一改发给她，她改一改又发回来，我再弄，再摆一阵子，又重新找十个人开会，十个人开会提了八个主要意见，又推翻了，就这种事情太多了。所以最后的剧本，基本上不分你我了。

我们在拍之前，曾经请过四五十位各行各业的文化精英来对我们剧本提意见，我们做详细的记录。到最后反复改，大家都对这个剧本有一个一致的意见，在情节、人物上严丝合缝。还可以提意见，还有不同之处，大情节上似乎改动不多。有很多戏比原来想象的容易，有很多戏比原来想象的难，就是这样。

我们最后觉得剧本差不多的时候，准备拍摄前，又出现了主要的问题：我们都是字面上的（功夫），虽然我请了最好的英文编剧，歌苓也是可以进行英文写作的人，又再进行台词的润色和人物的考量，但实际上要把它变成有血有肉的人，还要依赖演员。

贝尔失控的三次眼泪

张　英　你是怎么找到克里斯蒂安·贝尔的？

张艺谋　我希望在好莱坞找到一个演员，而不是找到一个明星。斯皮尔伯格是我的朋友，我很早就希望他帮忙来推荐演员，所以很早就把英文剧本给他看了，当然他也会保密。我们的英文编剧是《英国病人》导演的太太，她翻译完了之后，严歌苓觉得翻译得非常好。这个翻译剧本起到了非常重要的作用，再给好莱坞演员看。

斯皮尔伯格看完剧本以后，跟我讨论了一些演员。最后是我的海外监制江志强和大卫·林迪一起确定的。当时是一个一个人看，这是好莱坞的规则，找到经纪人，给他剧本，然后等他回答，等这个人完全没有办法确定之后，才找下一个。

我们用了好几年的时间。最后所有的人都认为贝尔是最合适的人选，当时听说是他以后，我觉得好像有缘分一样。因为你想，他小时候来上海拍《太阳帝国》，（对他）就像中国的轮回一样，从中国人的角度来说贝尔一定是最适合的。谈得差不多了以后，我才去美国见他，去他家里面，跟他讨论剧本。

有一个细节我很感动，之前我们通过电话，他问我（他）是否需要看一些什么。我给他推荐了一些英文书籍，结果我那天去他家的时候，剧本全摊在桌子上打开，而且正在读，旁边有笔。当时有一个细节，他没打算给我看，我一眼看见了，非常感动。其实那时候大家还在谈剧本，还没有签约，我觉得他已经在做准备了。从找到他，到最后跟他的合作，都是一个幸运的、最好的选择。

张　英　　你为他的主演做了哪些工作？

张艺谋　　贝尔的加盟，我要做细致的工作，对这个剧本再次进行人物上的调整，演员自身要做很多准备，对资料的了解和人物的把握。他又提出了自己许多非常有建设性的意见，甚至于再增加人物，等等。我跟他交流时，更多的是在讨论，把文学剧本、文学语言等文学书面的东西要变成落地生根的话，要有血有肉地融进来，是要靠演员的。

原剧本有几大段话专门讲他的来龙去脉。他跟玉墨讲，我是从哪儿来，我是哪儿的人，这儿那儿的，家族是怎么回事，一说一大堆。我们有一个原则就是能少说一句，就不多说一句，我们都喜欢这个风格。这次全用的减法，没有多余的字，没有废话，这个我自己也觉得是很难的。还有就是说每一句话都希望有出处，希望不要有专门的篇幅去谈他的历史和过去，能不能在点点滴滴（中）带入，让观众有空间想象？很多东西都是在拍摄中一点点摸出来的。

张　英　　你怎么看待克里斯蒂安·贝尔的表现？

张艺谋　　因为他的发挥，这个角色显得有声有色。约翰这个人物的转变是我和严歌苓最感兴趣的，是整个剧本最核心的地方。设想的殡葬师的身份，我们就喜欢最后这样的处理，由他亲手装扮美丽十三钗（并）送上卡车。

电影里的很多处理和台词，也有贝尔在其中有效的劳动。最早这个角色是到上海，最后被逼去南京的，他觉得从流浪汉到英雄的转变是最重要的，是最有意思的，如果从一开始就正义，就没有故事的感觉了。

我们创作的台词，都是严歌苓在看。她把这个创作的台词逐字逐句地翻译成英文。第三道是贝尔，把书面台词变成口语，变成贝尔那个人物，他对那个人物从哪儿来的，从美国哪个镇上来的，都有设计。

贝尔很强大，会说无数种口音，我一次听他打电话就变了三种口音。贝尔演的前半段，很多美国人看了都很开心，很多次在笑。当时我就很有体会。他的母语，那些人都能领悟，而这些英文我们很多是看字幕。

有一个细节是修汽车，只有几个镜头，你把车盖打开弄一下，情节也很合理，孟先生把工具拿来，你也给了他单子，一切很合理，你在旁边弄两下，光拍你的脸，还不拍具体的，还是夜景，全世界都认为没问题。我们那天准备拍，简单给他说修汽车，他也会，美国人会一些修理的东西，随便拧拧这儿拧拧那儿。

他觉得不行，问我懂这辆车的人在哪里。我就头大了。这是一辆老车。一般的司机不敢上，谁都不敢讲，后来等了一个小时，把懂车的人叫来。他一定要听他讲：这个车哪里坏了，我用这些工具修哪里，又讲了一个多小时。我一看这情况，今儿拍不成了，只好改天拍。

他详细讲这个过程，修哪里，怎么做，最后这个车缺什么，最后怎么能发动，全部要清清楚楚，最后他告诉我："导演，我们做的这个工作都拍不出来，银幕上看不见，但我要弄清楚。因为我是演员。"我很感动。

张　英　　为什么要把贝尔演的神父变成殡葬化妆师这个身份？

张艺谋　　我们讨论中有这样一个理念：让这个人在最后的活动中能担当事情，不要只是一个推波助澜的角色。按理说让秦淮女子顶替，不需要他也可以，但是一定要让这个人成为必不可少的角色，这样就会有意思，更符合一个好故事的要求。

于是我们想到可能是这样一个职务，跟死亡和生命又有密切的关系，而不是一个拍电影的化妆师，那多没意思，而且他有自己的历史,有过孩子,有过婚姻等,殡葬师这个职业比较好,由他打扮每一个人,跟死亡联系在一起的感觉。实际是对生命的再次启航,对生命的一次讴歌,这个职业有意思。

我们改了好几次,结果日本电影《入殓师》出来了。中国有句老话,天下故事一大抄,都不说谁抄谁,天下故事很像,就看你说得怎么样了。后来我们把这个顾虑打消了,坚持下来了。剧本递到贝尔手里的时候,他个人非常喜欢这个职业。后来跟我开玩笑说我要改了他还不接了,因为他没有亲手打扮她们。

他就把这个人物向他自己靠,他后来改了他的出身、他的小女儿。我们讨论他是家族职业还是什么,他说他不要。原定的出生地是中西部小镇,他说他不要,他要改成他就学了五年,而且第一次做就是为自己的女儿。我们觉得很人性,寥寥数语带出一个人的命运,很微妙的感觉,是这么过来的。

张　英　　贝尔还提出过什么样建设性的意见?我们知道他参与了很多。

张艺谋　　当然很多,我跟很多演员合作过,这次最大的感受就是一切都落到实处。之前那个修车的片段，可能任何一个中国演员，有经验的、没经验的，导演觉得弄两下就差不多了，一个镜头，镜头不带手，情节上绝无问题，全世界看完没有一个观众说这个姿势不对，好演员都会模仿得很像。但是他要弄清所有这些东西，他只是告诉我他是一个演员。他们这个级别的演员什么都要落在实处，包括家庭出身、口音，各种细节，跟你讨论很长时间。有时候他当然知道全剧组成百人在那儿等着，他一定要在这儿讨论清楚才去演。他反复告诉我："导演，这是拍不出来的，但是我要弄清楚，因为我是演员。"他的所有动作都很熟练，包括对两位编剧的英文台词做进一步的凝练和进一步的口语化。我跟他有一个共识，希望这个电影尽量少说话，能不说就不说，这个原则有了以后，有时候他会觉得，这三句话可以变两句，甚至变一句。关于这个人物背景，我们有很大的一段，他从上海怎么到南京，怎么留在南京，我们有很大的背景介绍，他都准备了台词。拍到最后，他跟玉墨在那儿化妆，他们两个晚上弄灯说话的时候就几句，我们俩都认为不用说话了，其实观众可以从中意会这个人的历史。这些工作都是导演和演员在现场最后选定的，但没有剧本提供的整个基础，你还无法去判定。很像三级跳，最后一跳由导演和演员共同完成。

张　英　　这是你第二次用外籍的男主角，请比较高仓健和贝尔的表演。

张艺谋　　他们都是优秀的演员，高仓健就不用说了，他是我年轻时的偶像，老戏骨，演技派，炉火纯青，今天已经是日本天皇级的演员了。贝尔这叫后起之秀吧，他演这个电影的时候，只有三十六岁，他是演技派，这是公认的。

为什么会选贝尔？因为这个演员会塑造人物，就是以多变、善变被大家所接受的。上一个是这样，下一个完全不同，在形体上就吓你一大跳。他真的可以下这个苦功来做这个事情，他对演技孜孜不倦的要求、求变的这个能力，都是我们需要的。

张　英　　在这部戏里，贝尔给你留下印象最深的故事是什么呢？

张艺谋　　他在这个戏中奉献了好几次意想不到的眼泪。戏刚开始拍的时候，他告诉我这部戏他不打算哭，他说他是希望演另一种风格，不打算掉眼泪。我说，没问题，我很尊重他。他是一个很善良的人，他有孩子，他特别爱孩子。他跟那些小孩子演戏，不由自主地掉了很多次眼泪，真情流露，那些镜头太值钱了。

比如说，第一次是当日军准备在二楼强奸一个女孩，结果女孩从楼下掉下来摔死了。他被打晕在楼梯旁，我本来是拍他去摸摸孩子的脉搏，拉拉孩子已经凉了的手，他就很难过，很难过，坐在那儿，愣在那儿，突然喧闹没有了，嘈杂没有了。他自己也挨了枪，完全是懵的。他是专业拍电影的人，当时一拉小孩，眼泪就下来了。

本来是一个全景表现的镜头，我一般为了保险，支了两个机器，多支了一个机器，他演的过程中控制不住自己，他很难过，眼泪就下来了，他就入戏了，我问摄影师你们拍到没，他们说拍到了。我说，太好了，因为这种戏不会拍两遍的。

张　英　电影里最稀罕的东西出现了，另外两次是在哪里？

张艺谋　第二次就是他跟女孩子们讲，妓女们有特殊的本事，她们代替你们去赴宴没事儿。我当时没有设计让他哭，然后是孟书娟过来跟他说对不起，本来觉得他不是个好人。这个是剧本中都有的。当孟书娟过来跟他说话的时候，你看贝尔那个表演，他一下把她搂住，他说没有什么可以道歉的，你不需要道歉，然后就哭了，声音都哽咽了，那也是一次意外。就是他特别善良，看见孩子们难受吧，看着孟书娟在说"sorry, sorry"，他知道这是演戏，但他就是受不了了。

第三次就是跟陈乔治，他跟这个小演员关系很好，陈乔治说英语是三句半，他们俩在一块儿交流是连说带比画。他们俩有时候在那儿聊，我们都好奇，这俩聊什么呢？陈乔治要化女装，代替女学生的那场戏，他说："你不知道你有多么了不起，你在做着多么伟大的事情，你替神父保护了这些女孩子。"我听见他说："你戴这么滑稽的假发。"本来是开玩笑的一句话，他说着说着就哭了。本来镜头设计是他说完台词之后就说不下去了，他就过到其他人身后给他剪假发，我们是一个镜头下来的，哎哟，我一看就觉得贝尔控制不了了，我就赶紧在后头悄悄地推摄影师，他就抱着机器就上去了，把他在陈乔治后头剪假发，他忍不住又流泪的样子拍下来了。当时，现场所有女工作人员全哭了。

我喊停了之后，那些女工作人员就哭着跑出去了，因为她们懂英语，她们说哎呀，受不了。

贝尔本不打算流泪的几处，就是因为他特别善良，身临其境了，给了我们那么多的精彩瞬间，那时候没有演技，只有真实的人性流露。贝尔后来问我是不是不喜欢他这样做，他说他真的控制不了了，真的很难受，问我要不要按原方子来一个，我说，不用。

张　英　　这样的题材里，约翰和玉墨的那场床戏很多人不习惯。

张艺谋　　是我自己想拍，但我觉得应该慎重，于是就找贝尔去讨论。我们讨论的是，他和玉墨是否应该有这段感情。我们觉得他们有这个感情，应该是很美的。我最早看到这段都哭了。

玉墨在电影中说："明天这个身体就不是我的了，所以我现在要……"原来两人是萍水相逢，互相调情，互相很不负责任的，但后来有了真情，这个是否有必要？当然，专业演员就是专业演员。真不是床戏这个层次，这不是一个境界的东西。贝尔也根本没有往那边想。它是个非常健康、非常美的东西。

一个混混，一个妓女，调情是家常便饭，对对方也无所谓。到最后，因为有共同的责任和命运，瞬间产生了爱情。

张　英　　我昨天听群众演员说他一天两百多万人民币，有些群众演员一天只有五十元。

张艺谋　我不知道他具体多少钱片酬。实际上好莱坞演员的报酬应该是透明的，并且他们要如数缴税，所以他们不会觉得这是什么秘密。其实日后可以打听出来的。我自己认为不是想象的那种天价。

我大约知道一点点他们这种好莱坞演员的行业规矩。他们或者是一次性的片酬，或者是部分的片酬，然后拿全世界的分红，有几种不同的方式，也是行业规矩。

所以我不确定他是哪一种，因为他和好莱坞律师的沟通很复杂，要沟通好长时间，那合同真是很厚的一本。所以我都不太清楚，但不是说多么多么贵，因为他是来参加一个中国的电影，并且他很知道目前的情况，他是善意地愿意来帮助我们，所以我想他不会来敲你一笔吧。

水到渠成的情感力量

张　英　和你以前的电影相比，无论是故事叙述，还是画面的叙述、电影的节奏和情绪、音乐与演员的表演，都很节制，《金陵十三钗》这部电影的整体质量基本均衡稳定，这方面你是不是花了很大力气？

张艺谋　　我觉得你刚才用的那个词很准，就是一种"均衡稳定"。这实际上是我非常努力追求的一个效果。这个电影的剧本的方向，和它的整个叙事和人物是特别复杂的。

我觉得非常容易失重，非常容易失常、跑偏，可能你要很冷静，同时还要很准确，还不能浪费，电影剧本已经是一个长篇的结构了，不能再长了。我个人也不喜欢太长的电影，所以一切东西都让你有很多这样的压力和困难。如何更精准，如何更稳定，如何让电影各个方面更均衡。在剧作结构中，在电影的呈现中，很多很多细节要丝丝入扣，细节设计和细节的最后终结、完成，等等，很麻烦的。

张　英　　陈其钢的音乐也非常精彩，对南京大屠杀，很多中国人有些惯性记忆，尤其是十三钗唱《秦淮景》的时候，音乐一响起来，提到"秦淮盛地，江南繁华"，现场很多观众都落泪了。

张艺谋　　《秦淮景》这首歌是这样，历史资料里说南京旧时妓女能歌善舞，在电影里我们觉得应该唱一首歌，后来专家总结下来，告诉我们最好是苏州评弹，当时作曲陈其钢选择了很多脍炙人口的苏州评弹经典曲子，后来我们选定了这个歌，它原名叫《无锡景》，这个曲子很好，有我们要的那个意思，后来陈其钢改写成《秦淮景》，调了点歌词。演员必须形体生动，歌声圆润、悦耳动听，她们在训练的时候学了好几首歌。

另外，让人感动，所谓的带动情感，它前面是要有铺垫的。冷不丁唱起来了，现在大家看电影什么没见过呀，你唱首歌就把人吓住了？所以它没有这个情感的积累。那关于这个歌，它什么时候开始的，可以这么说，我从开镜的那个特写，铁钩子把琴弦钩断，我的第一个铺垫就开始了，所以我也可以说它还有一个故事，是关于秦淮景的故事；它还有一个故事是关于这个琵琶、琵琶弦的故事。都是这样子，在另外的故事中一点点铺垫下来，在其中它只是打点，到最后才有水到渠成的情感力量。

张　英　　当十三钗唱《秦淮景》，孟书娟在地窖角落里听的时候，出现了一个表现性的镜头，画面非常漂亮，十二名妓女身穿旗袍，衣着华丽并排走向摄影机，这是出于什么考虑？

张艺谋　　这当然是利用孟书娟，女孩子、小女生的幻想、想象来完成的。我觉得孟书娟那双眼睛非常漂亮，我选她的时候，她的眼睛有的时候给我很多内容。我觉得她是一个有想法、有思想、有幻想的女孩，又有一点忧郁，有点早熟，都是我们要的东西。

这个画面贝尔也很喜欢，有诗化的东西。贝尔特别喜欢这一笔，用他的话说就是意料之外，但是又在情理之中。包括电影的结尾，也是用孟书娟的幻想完成，十三钗走出教堂，本来是身穿女学生衣服去送死的，但她的想象里却是她们刚从妓院逃跑到教堂前，进入教堂时的华丽模样。

在这个方面，我原来有好几种设计，在车上、阳光下等，剧本也是这样写的。但是我觉得，最后她的幻想还是留在看着玉墨她们走进来的画面。这就是文学性的东西，感觉特别好。从最后这个点往前推就出现了这个非常有表现性的画面，适合电影宽银幕，也适合我们中国传统旗袍，迎面走来。很残酷的电影最后出现了诗意，出现了浪漫，出现了那种美丽。

张　英　一个完整的剧本，往往是加法，提供了很多可能性；从文字变成影像，后期制作的时候基本上要减法，取舍怎么把握？

张艺谋　我是边拍边剪的，很少导演像我这样子，基本上是白天拍晚上剪，由于拍摄期有五个月，所以我在边拍边剪的过程中已经做了许多的筛选，但我还是尽量地多拍素材。总之是一个复杂和漫长的过程，一下子不好说最后是怎么选择的，什么时候开始，什么时候准确。你每天都要选择，有时候在现场和剪辑台上,你每秒都要选择。

电影在6月22日停机,十天以后我就剪定了,提供给了制作部门和录音部门,否则你现在不可能看到这个电影,一般导演没这么快。

张　英　　有哪些细节被拿掉了?佟大为说,他和玉墨有场戏被拿掉了,在教堂相见前,他曾经去过玉墨的妓院;书娟和同学的关系有时矛盾,同学责怪她父亲没弄到船票时显然是敌对的,但日本兵来时,同学又很顺从地跟着书娟过地窖而不入。父亲来看书娟时,同学旁观,然后骂他汉奸,而最终宁玉碎、不瓦全时,又是书娟带领所有女孩。是否有拍了的戏没放进去?

张艺谋　　对,有很多这样的叙述过程,随后都因为电影太长,被剪掉了。和小说文字相比,我相信形象的力量。所谓形象的力量是这样子,像我们那个教会的女学生,那些小女孩,她们的那个娃娃头啊,你一看她就能够分辨她的年纪,你不用说她们是初中生,青涩的青春期,发生了什么故事。

比如孟书娟这个形象,我们选定她是这群小孩中的女一号,也是因为她的形象就注定了有说服力。你提到书娟和她同学之间的关系,我相信这个不能说多了,无非还是告诉大家它的合理性，为什么大家要跟她跑，为什么那个时候又说她不好，我就觉得小孩子本身也没有那么多理性的规律。通过形象本身和形象设计本身，还有很多平常的形体动作，等等，许许多多、方方面面、点点滴滴地可以解决这个问题，那就不用再用三分钟，再用两场戏，啰啰嗦嗦地通过铺垫告诉人家。人家说我明白了，我没有怀疑什么。所以，删戏和剪戏，都是导演要做的事情。

张　英　你之前几部古装武侠片，特别强调剧情的保密，这部电影的情节可以说是没有悬念的，结局大家基本上知道，那么你靠什么吸引观众看下去？跟以前那些强调情节悬念的相比，是否有不同的方法和考量？

张艺谋　我觉得是。不仅是已知，并且是非常固定的一种认知已经放在那里了，就是用俗话讲，还能怎么办呀？我们闭着眼睛都能猜到。所以这个就是特别难的事情。

如果说还有什么不同的方法和考量，我觉得主要是靠人物，一些活灵活现的细节。很多电影是故事重要，南京大屠杀这样的故事，很快就剧透了，所有人都能猜到故事的结局，戏剧的悬疑很快就没有了，我只能靠人物。

但这个电影里的人物，由于它们是散点式的，电影不能顺着一个人物走，它要不断地照顾到所有的人，戏少，人物还要站起来，这个是很大的困难。但它的魅力在这里，在很短的时间里，每一个电影人物亮相，他们的个性、形象、个人魅力都要慢慢散发出来。

当然，故事也非常重要。你还得有大悬念，最后他们怎么顶替孩子，因为这个故事大家都知道，妓女顶替孩子，这一定是这样的。说怎么顶替，也就是人物在这个过程中的那种细微的变化，人物是根本吧。

越是大背景，就越要关注人物的细节，人物之间的关系。任何大背景还原到人性上，刻画是最重要的。这部电影到了最后，完全不能离开人，全是关于人性的刻画和关于人的刻画。

张 英　所以你才会在全国海选演员，花时间在人物上面使劲。

张艺谋　对，包括花那么大力气选演员，电影里的教会女学生和金钗们都是海选，层层选出来，我再一个个看，全部是从几万人里挑出来的。这个过程花了三年多时间。2007年开始，我们是小范围在全国选。2008年，我们正式分了几个组全国跑，整个铺开了，一直在筛选。

选中演员之后，开始严格训练。周冬雨是定了就来演，倪妮是训练了三年多，寒暑假的时候到北京来，英文、中文、演技，各方面训练。其他演员在开拍前两个月才开始训练。演员能演到这个程度，都是他们自己的努力，导演是个带领者，但永远不能替代他们的努力。

张　英　　孟书娟和墨玉的演员最后都是南京人，是因为你要用南京方言的缘故吗？

张艺谋　　不是这样。在创作前夕，我跟许多专家讨论，专家给我讲了好多秦淮文化，因为电影讲的是秦淮女子嘛。他们越讲，我压力越大，因为秦淮文化是很庞大的一个体系，你在电影里怎么体现呢？又不能是个教科书，最后我想语言是一个最简单的武器吧。比如说秦文化，秦文化一想起来也是很大，那他秦人嘛，秦人用秦腔嘛，那是最基本的表现方式，这个可以很直观。所以我想咱就说秦淮话吧，怎么样也比普通话接近一点秦淮的风韵吧，就这样定下来。

但定了南京话很容易，可是实施起来难度大极了。有无数次，筋疲力尽的副导演从全国各地跑回来的时候，不止一次地劝我放弃秦淮方言，因为能说南京话的合适的演员还是少数，干脆普通话吧。要不然，来点上海话，上海这个大城市能选的演员余地就大了。

我就说，我还要再找，我就不信找不到。就这样一次一次坚持下来，我们曾经一度想放弃，就是我们能不能把范围扩大到上海，那么会外语的、形象好的、讲上海话的学生就多了，好几百了。本来还一度设想玉墨是上海来的，当时问过了很多专家，他们说南京当时很高级的妓女常常是江浙一带来的，也有上海来的，但是后来，我们最主要、有台词的演员都是南京人。

张　英　我觉得你在里面非常大胆，用了这么多的新人，除了国内演员，像佟大为，剩下基本上都是首次演戏的新人。

张艺谋　都是，包括曹可凡都是，就是背水一战吧。我希望它传递给观众一种新的感觉，我觉得不是说找不到演员。那些有经验的演员中国有很多，操流利英语的演员也都有，都没有问题。都不是的，就是希望给大家新鲜的感觉。

我觉得这种感觉是很宝贵的，也就是说，新人是这样子，新人难度很大，很多导演未必有勇气去用，它确实有时候功亏一篑，但是新人会获得迅速的认可，如果他/她表演精彩的话，你就觉得他/她就是这个人，因为你第一次见到他/她，没有任何固定的看法，这也是他/她的优势吧。

张　英　　作家写第一部小说的时候，因为他／她写的是他／她自个儿的爱恨和感情，后来有了写作经验和技巧，作品就看不到了丰富的感情了。

张艺谋　　对，新人只有一次，第二次就不是这样子了。在新人的调教方面，我有一套方法，从选演员开始到训练演员，到最后在现场引导演员，我是有自己的工作方法。这些工作方法也没有什么神秘的，就是基于你自己的经验、你的判断，加上你跟他们的接触、对他们的了解，等等。你看我的《一个都不能少》，那（演员）都是农民，所以我还是积累了这些经验的。

书娟这个孩子我们测试了很多次，十个备选人做一个最简单的测试，进门往这儿一坐，眼睛就看着那面墙，十秒钟，然后走。那面墙上什么也没有，书娟的眼睛里似乎就是有内容。很奇怪，试了很多次，我让大家看，副导演和其他人也都觉得这孩子眼睛里似乎有内容，有一点忧郁，有一点早熟，都是我们要的东西。

张　英　　女一号玉墨的表演非常精彩，走红指日可待，她当时是哪些方面吸引了你？

张艺谋　　玉墨呢，当然就更复杂一点了，首先她身上就要有那种感觉，当然她要有相貌、身高，当然还要有能力，尤其是英语。玉墨能选的范围很窄，有熟练的英语表演，又能讲南京话，这个在全国已知的演员里几乎没有，只能用新人。第一次看完后，我又拍了她一次，我觉得经过训练，再经过包装，经过她的努力，她可以演好这个角色，就是这样的判断。

我当时吃不准的就是英语的表演，就请了很多老外跟她一起搭戏，来跟她用英文交流，看她英文交流时候所发生的变化。初期是不一样的，你知道因为中国人学英语，虽然英语讲得很好，在中国学英语那个范儿会出来，有点不是自己，跟你讲母语不同。不是自己，有些人毛病很深的话就改不过来了，这英语就让你觉得假洋鬼子似的，就变成那样了，这换一个人仍有可能。所以像这一部分呢，又很微妙，实质上它是不同的，所以不同的话，我怎么样要让她再接回她自己，再回到她自己，这又是一个艰苦的训练。

我有一定的把握。不管穿上什么衣服，是什么样子来见导演，她第一次都是忐忑不安的。不要说他们新人，就是很多演员来见我们这种导演也是七上八下的。但实际上这些都是表面的，导演看演员的时候，要有一定的"穿透感"，你一定要想象到几个月之后她成为玉墨的时候的那个形象,你要很准确地想出来,不能说你想得天花乱坠的。

我自己觉得可能我做过摄影师,有这么多年起用新演员的经历,我觉得我通过这种穿透感看到的东西跟别人不太一样。

功夫片对我拍战斗戏有帮助

张　英　为什么会选择威廉姆斯这个团队?

张艺谋　这个团队是最好的。因为他们之前,《拯救大兵瑞恩》《兄弟连》《太平洋战争》都是他们,还有很多大片,所有的"007"都是他们的。很厉害,这是一个几十年的家族,他们是家族团队,很有意思,很专业。关于这个团队,我还给斯皮尔伯格写过一个电邮嘛,我问这个团队怎么样。他说这是一流的。当时我还想着我能不能省点事,创意上,我跟他说,那你《拯救大兵瑞恩》里面的所有战争场面是他们做的创意吗?他回答我说不是的,这是导演要做的事情,后来我就明白了,所以就逼着自己去想,他们会在技术上配合你,他们分工很明确,他们不是负责创意的,他们认为这是导演要做的事情。所以你不能偷懒，你必须自己想，他们给你把它合理化，把它呈现出来。

张　英　你拍过战场戏（《活着》），但从未拍过战斗戏，尤其是城市中的巷战，《十三钗》的战斗场面是如何设计创作的？

张艺谋　这点我还很高兴，因为这在美国做了很多放映，美国的同行们还表扬我了，说这个战争戏拍得很有质感，细节很好，我就很高兴。我的拍战争片的经验也还来源于影视，谁真正见过打仗啊？所以这些经验加上分析，尤其再加上我自己拍了三部动作片的经验，我觉得那个训练对我是至关重要的。

所以这两段打仗，两位编剧可没写得这么清楚，全是我后来跟威廉姆斯团队讨论了之后，他们跟我要一个方案，要给他们画几百张图，把每一个画面给他们画出来，他们才能决定从英国带什么材料，才可以决定预算，最后签合同。这样的话，所有工作要做在前面，你要把仗在脑子里打完给人家，人家再跟你锦上添花，哎哟，当时这压力很大，我就真的在屋子里想，然后把一幕幕串起来。这时候，三部动作片的经验就有用了，我把这个情节写出来，然后又找人画出来。

张　英　　你要的这种战斗场面的风格和特点是什么?

张艺谋　　是细节。首先我觉得武器不能多,不能大,步兵对步兵就可以了。除了坦克和重机枪之外呢,我觉得就是手榴弹。步兵的枪和手榴弹去打这一场。那你限定了这个武器之后,你就想吧,怎么做吧。然后再加上经验和想象,你就想可能是这样子,可能是那样子,把它编出来。编排出来以后呢,来回情节什么都有,还要把一个一个牺牲的人都安排好,侧翼怎么回事儿,正面怎么回事儿,都要有。

完了之后你画出图,把文学剧本翻成英文,威廉姆斯团队才决定他们带什么材料来,还要通关,很麻烦。来到现场之后,景都搭好了,然后大家再提意见,提意见当中,我做了最大的一次调整。我们都对某一段战争场面不满意,这一改就导致了黄海波他们就又都走了,三周以后再重拍。我要重新再搭一个街道,还是为了短短一两分钟的改动。

张　英　　那场战争戏重拍,你改动了哪些?

张艺谋　　黄海波那一组他们侧翼的打法。原来不是这个样子,原来比这个要热闹,但是觉得不太可信,稍微有一点大,那么现在就改成巷战,在这个街道中前进的坦克和日本兵,这边三个人，那边三个人，一个人在上面准备扔炸弹，三路并行往前走，三路各负其责，大家觉得这特合理。

我觉得挺有意思，黄海波就是跟坦克比速度，因为他要从上头跳下来，到那个履带底下才能炸，光把它这么扔下去是不行的。我们还找了几个跑酷的当替身，拍了好多遍三个人怎么样以命来搏这个时间，然后让黄海波在合适的时候跳下来，拍的过程很长，但是出于篇幅，我剪得很短，很可惜，很多东西就没有了。

张　英　佟大为扮演的狙击手藏身纸店，重伤后与日敌同归于尽，巨大爆炸中飞出五颜六色的纸，与一般的战争场面处理非常不同，为什么这样设计？

张艺谋　这个是最早就有的。因为最早我们在剧本中有一句这样的话，就是孟书娟在玻璃中看到这个爆炸，像天空中开了一朵花，然后我们跟威廉姆斯团队讨论这个爆炸的花，他们就告诉我可以炸成这个样子，是可以的，但是我想炸出的那个效果稍微有点高了。

想了半天，我想到了纸店。我们原来还有这样的铺垫，孟书娟用画外音说：那个纸店我们当年经常去那里买纸做手工。小说里还有这样的描写呢，后来觉得太啰嗦了就算了。我觉得它可能会有这样的一种意思，就是说飞的那个纸屑呀像是花瓣的感觉，但这是一个度的问题，不能像《菊豆》里的染布坊，不能铺天盖地，全都是那样，太抽象了，观众笑起来了也不行。因为那必定是一次悲壮的牺牲，所以是一个度的问题，这个也很麻烦。我们炸了好多次啊，为了一个好的意象效果。

张　英　这个电影剧本送审顺利吗？电影局有调整吗？

张艺谋　剧本当然是要通过审查了。审查专家没有太大的调整，当然也有一些意见啦，我们都调整了。包括后来电影拍成以后，电影局审查还是有意见，需要修改的意见。

张　英　影片中"飙血"特效非常多（战场枪击以及返回妓院两妓女被杀），这固然反映了血战之艰，但是否应考虑声明儿童不宜？

张艺谋　我们国家的电影是没有分级制的，所以说大家都能看。但是这个题材，有些东西又不能避免，某种视觉的残酷性，会凸显人性的力量，也是一种对比，所以这是一个度的问题吧。

我自己觉得还好啦，你看很多日韩的电影，那血喷得乱七八糟的，有时候真有点洒狗血吧，洒得猛极了，我觉得我还好，就是比较写实，比较少的量，但是也剪掉了一些。

张　英　这个电影里的日本军人的形象也是全新的呈现，眉眼生动，还原成人，不是以往傻乎乎的。

张艺谋　我觉得对于南京大屠杀研究一下看的话，呈现的形象应该是客观的，但是我们今天不能说日本人、中国人，我们只能说是那个时候的日本兵。你看南京大屠杀可以看得到是一次屠杀，不是两军交战，大部分被屠杀的对象都是平民，或者放下武器的人，没有拿武器的。这个事实不能更改。

人类的战争有多少故事，"一战"也罢，"二战"也罢，今天全世界都在拍，我们不要把它狭隘化。再拍这些历史故事，它还是给今天的人看，它的目的还不是在讲这个，是讲历史，这就是我说的，从这个题材来说，我们的目的是珍惜今天的中日两国人民的友好，这是终极目的。

张　英　你拍这个电影，有使命感吗？

张艺谋　没有。如果拍一个历史题材的电影，立即变成民族狭隘的仇恨，这样拍电影是不对的。

全世界拍了那么多电影，你看美国拍了多少纳粹恐怖，他是让你恨德国人吗？恐怕不会那么狭隘，都是历史的故事，一个客观历史。今天都是要在战争和灾难等这一类题材中去提炼和观照人性。

我认为这个是战争背景下，或者灾难背景下最要紧的。从这个角度来说，人性的光辉是什么？歌苓、刘恒都说过，是爱，是善，一点都不大，在哪里拍都是这样。要不然，我们就把这个电影看得太狭窄了，我们不要做狭窄的民族主义者。

张　英　再次由国家选送美国学院奖最佳外语片的竞争，你自己怎么看？

张艺谋　我觉得还是谋事在人，成事在天吧，我们都不要装清高，给你这个奖，你当然会高兴。但我认为获奖不会改写历史。确实很难预测，大家今天看这个题材可能觉得和奥斯卡最接近，我认为也是中国人的判断啦，好像有个美国演员就接近了，好像是一种主题就接近了，未必。

张　英　张伟平投资六亿，国内票房要到十亿，你有压力吗？

张艺谋　　我主要就是想拍一个好电影，对我来说，投资、收回票房，经常有这样的信息，但我觉得导演不应该去过多想这些，对导演来说，不该注重在这方面，尤其这还是一个很复杂的戏。市场是制片人考量的，他愿意出那么多钱，那是他觉得我们这片子值得。

张　英　　你的女儿张末在《三枪》后，再次和你合作，《金陵十三钗》里她担当的工作非常多。

张艺谋　　我自己的事一般不多说。我简短回答你，她对我的帮助是很大的，尤其在现场演员沟通上。我第一次到美国见贝尔，跟他只是谈剧本，就是我女儿陪着我去。后来我跟贝尔谈得非常好，他决定接这部戏之后，他说我们现场好好沟通，我说我可以找到最好的翻译。他说不，我就要她了，没办法。现在媒体访问贝尔，还是她翻译的，我没有办法，因为贝尔已经习惯了用她。

张艺谋解读"张艺谋现象"

张　英　　怎么看待《三枪》引发的争议？

张艺谋 我自己这样想，围绕我这十几年的争论，在不同的历史时期有不同的争论焦点，这个很正常。这似乎成为我创作的一个衍生品，每拍一部电影出来都会有很多人说，众说纷纭，原则上我是不会做回应的，我就让大家说。

这是我历史上被说得最多的一次，关于这部电影本身，关于电影产业，关于艺术片。因为发行公司的要求，让我以全面开放的姿态参加推广宣传活动，从一个导演的职业道德来讲全面配合，什么节目都上，以劳模的姿态参加。

但我坦率地说，我认为这次所受的罪最多，尤其一些媒体的题目就是"张艺谋是骂不倒的"，这样会带来更多的谩骂。他们要做文章，从我很多话里抓一句话出来，做很醒目的标题。但这个实际上已经打破了我的原则了，好像我在积极地参与应战和论战，这不是我个人的作风，我没有心去做这个事情。

我是从来不去参与论战的，这让我这么多年能够保持一颗平常心。也因为这颗平常心，我才敢拍《三枪》这个贺岁片，敢把姿态放得这么低，让许多人大跌眼镜，然后又引发了大跌眼镜之后的讨论。

我不是辜负大家的期望，换句话说，我不拍这个片子，我拍另外一种片子，一样会被大家讨论，想说的人都是要说话的，这就是多元化的社会，跟十几年前真的不一样。再加上网络，真的是热闹，人人发表意见，我有时候把它叫垃圾箱，就是什么都往里面扔。

张　英　　张艺谋是中国争论最多的导演，你怎么看待这个现象？

张艺谋　　我非常理解你们想梳理这样一种现象，做这样的一个讨论，但说心里话，我不想做这些方面的讨论，去分析成因以及现象，我认为这样的讨论一定不会有结果。从你们的角度——严肃、公正、客观的角度谈这个现象是有意思的，可能会让我看到很多回顾历史的东西，因为任何一段时期的讨论都带有那段时期的时代烙印。

以《红高粱》为例，那时候最尖锐的讨论就是我"贩卖中国的落后与愚昧给外国人看"，这样说了我十几年。为那一句话，我"委屈"说了有三十遍，在各种场合反复说，但是一点用都没有，没有人听。

我那个时候也年轻，血气方刚，就觉得人家是冤枉我，这是不对的。我愤愤不平是因为我看到外国人不是这样说的。你们谁走到两千个外国人跟前，拿着话筒跟他对话，他们一个一个起来发言，谈对这个电影的感受？我参加电影节，这个活动做了很多次，包括在美国、英国、法国、日本，各个国家，我没有听到一个人这么说，怎么回来都是咱们自己这样说？我说你们是替人家在瞎操心。

这样的讨论其实是（限于）那个时代的。我记得那时候我常常说的一句话是"再过二十年我们还讨论这个问题吗"——其实现在就不讨论这个问题了，对吧？它是跟着那个时代过去了，到了今天它就是一个滞后的话题。它一定需要社会进步，我们健康发展，以平常心来对待就好了。

中国现在是什么样，全世界都知道了，不需要通过一个电影去贩卖了。我们加入WTO（世界贸易组织）之后，国家要跟国际社会大家庭接轨，我们社会越来越透明，还存在着靠张艺谋的一个电影把某些阴暗揭露出来吗？这是不是太慢了，而且太费劲了？这个过程实际上就是一个社会观念前进的过程。

今天不是说张艺谋"平反"了，不是说我们错怪张艺谋了，而是我们这个文化、我们这些普通人学会了用正常的创作角度来看问题了，我们脱离了某种意识形态延续下来的某种错误的规律。所谓"公说公有理，婆说婆有理"，说到老，他们都说不到一块儿来的。

所以，不是因为我说了十几遍、二十遍它就改正了，是社会前进了，历史前进了，我们国家更自信了，我们国家更透明了，到了2000年以后谁会再说《红高粱》贩卖中国的落后愚昧？拉倒吧，这么透明的社会，中国有什么事情全世界都知道，包括我们的地震灾害，我们第一时间向全世界开放，你就没有讨论这个问题的必要性，没有谁对谁错，已经不谈这个问题了。所以，还是这个道理，我认为现在所发生的事情和谈论这个电影的这些事情，会随着人的发展变化而改变。

这样的讨论你再过十年来看，大家是不是还津津乐道？不一定了，他就会回到艺术创作的规律上来谈。对任何一个电影或者导演，不管你说他是一个傻蛋，还是说他伟大，十年之后再来看，大家都会觉得这只是一个正常的创作。创作有它的艺术规律，除了这个之外，没有任何附加的东西，这才是创作。我们对于任何一个作品，任何一个人，但凡有附加的东西来谈，其实就违反规律了。

所以，我觉得你们做这个工作很有意思，我们要拭目以待，不喜欢的人会永远不喜欢我，始终看我不顺眼的，他始终不会改变，这是诸多原因形成的。但所谓拭目以待是在后头，我们往后看，以后越来越多年轻的导演都在拍商业片、喜剧片，各种类型的电影都在拍，大家就会觉得我拍的也就只是一部电影，大家会抱着平常心来看待。

张　英　　随着年纪渐长，你也心平气和，很少回应外部的批评。

张艺谋　　回到今天的《三枪》的讨论，它在我身上也存在着奥运后时代的某种时代烙印，就是对创作的一种要求，跟那个时候一样。现在很多关于《三枪》的讨论，其实都不是电影本身，它引发争论的其实是另外的东西，知识分子是站在一个高度上谈，附加了很多自己的东西，普通人站在另外一个高度谈，每个人又有不同的喜好，他们从不同的角度谈《三枪》，我觉得都是电影创作外的东西。

你还记得2004年雅典奥运会"北京8分钟"吗？回来以后一片骂声，多少人都说千万不要交给张艺谋，张艺谋会把咱们的形象弄完蛋的，让外国人完全误会了，千万不要交给他，多少知识分子斩钉截铁地说出这样的话。但是，凡是我所能够查到的评论，凡是我所认识的外国人的评论，不是这个意思，没有这个意思，都是很好的评价，都说看到了开放的中国。

因为知识分子的话语权有时候也挺高，这个说，那个说，说得很多很多，惊动了上层，所以才做了一个决定，全球招标奥运总导演。后来全球竞标，我就参加竞标了。2008

年的北京奥运会开幕式，我还是不敢说中国知识分子怎么想的，人家外国人看开幕式，就是看一个文艺表演。坦率地说，除非中国很封闭，什么信息都没有，就通过文艺表演看中国，但现在还有这样的情况发生吗？

关于《三枪》的许多讨论我也注意到了，我不认为是就电影来讨论的。我开始就说要拍一个贺岁片，让大家高兴高兴。我在电影院里也看到，南北的观众在影院笑了三十次，就是觉得好玩。包括那些批评者，他看电影可能一样笑，出了电影院就生气了。

很多观众都跟我们这么说："张导演，其实这是个文艺片，不是商业片。"上海一个观众跟我说："你把前面的三分之一拿掉，后面基本上就像是一个文艺片。"观众也是看得很懂的，但这在"首都文艺界"那个圈子里是一个说不清的事情。

我说很多人不懂电影，为什么？电影一定要分类型来谈的，这一个话题就可以把许多人说的外行话分出来了。全世界都这样，电影就是艺术类和商业类。在参加艺术电影节的时候，我碰到过这样的事情，放《我的父亲母亲》，电影音乐响了一点，评委们都不喜欢，他们说这样有一点煽情了，有一点偏商业性，都有这样的看法。当时巩俐是主席，评完奖之后她私下里跟我说，"导演，你的音乐要是没有那么响会好一些，就是音乐有一点好莱坞的样子"，不然有可能拿金奖的。

我觉得奥斯卡是兼容的，有时候它会出很冷的冷门，有时候一个小片子得了一堆的提名，把大制作都弄到一边去了。但是，它现在很难这样做，因为大公司操控的大制作力量很强，你很难把大公司打垮。奥斯卡是属于商业性的，但有时候也会碰上一个很推崇艺术的小电影。

我们中国是不分电影类型的，要求所有的演员、所有的作品来承担电影的全部功能。确实，我这一次的姿态是放得很低的，去拍一个所谓的搞笑电影，因为我没有拍过这一类电影，老百姓喜欢看，而且也是一个贺岁片，这对一个导演来说是一个自我锻炼。这个作品我能拍到什么程度，我自己也有数。但是，现在的事实是，导演自我锻炼是不可以的，大家会很愤怒，认为这是对观众的危害，等等，像这样的批评已经不是在谈电影了。

我已经五十不惑了，我还说什么呢？我稍微有一点脆弱，我稍微有一点委屈，这些人都把我打趴下了，找不到北了，我就不拍电影了？所以现在大家在说《三枪》这点那点事，我又跑出来再解释？如果我解释，大家会从这个事情引发出一个话题，说我又委屈了。我才不是呢，我已经过了那个劲了。

我不敢说我已经到了炉火纯青的地步，但只有这样子才能保持我正常的创作心态，但凡有任何的不平、委屈、愤怒、扭曲、异化，都会在我的作品中看出来，我就怕电影拍不出自己想要的感觉。我就尽量让自己抱着平常心，我去劝大家的话，我没有那么多嘴，把字印那么大去解释，大家就不会再说了吗？不会，一定会有新的说法，比这个还厉害，所以它是没有用的。

随着社会慢慢进步，我希望中国最后会有很好的影评界，我觉得电影产业没有影评人这个阶层是特别不对的。我坦率地说，今天中国的电影事业它没有影评人，没有这样一个阶层，它就是一个空白，没有真正的影评，电影产业还不够合理。

今天好就好在有网络，有大家的很多发言，不再像原来集中在某些有话语权的媒体当中。今天你看到每个人可以自由发言，畅所欲言所带来的那种激烈的对抗性，都是很有趣的。

我觉得这个现象可能在我身上会持续很长的时间，也许最后到我老了，拍不动了，我一回头，至少可以很自豪地说，我是在中国争议最多的一个导演，在我的作品上，不敢拿艺术定高低，但是为我的作品写的字、说的话是最多的，我估计是第一。

媒体不是敌人，也不是朋友

张　英　　陈丹青说通过奥运会的合作，他认识了一个完全不同于他印象中的张艺谋。这几年你很少面对媒体，是什么原因？

张艺谋　　主要是你知道因为你没有走近别人，也没有人走近你，也不可能了解你，大家都是看到一个媒体叙述的你，他会建立一个自己的印象。这肯定是变异的，这个东西你就不去解释了。我为什么是平常心呢？我觉得这都是正常的，我怎么去认识另外一个人，比如那个人是个话题人物，我怎么去认识他呢，我怎么理解他呢，我怎么想象他呢？我也不认识他，我也是看各种各样的报道、各种各样的描写，我慢慢觉得他是那样的，我肯定也会这么想，这都是非常正常的。

我都知道，首先这几年骂我的多，批判我的多，还有各种各样的说法，慢慢地它就形成了一个定势，就是这样了。三人成虎就是这样，它一定是这样：你就是这样的一个人，或者你就是这样的一个创作风格，你就是这样的一个艺术品位，你就是这样。

所以外国媒体采访我，都说想不到我能做出这样的风格来。我说这个我一点都不奇怪，我完全可以做这个风格，只是我在之前电影中没有做这个风格而已，我不认为这是对我自己的一个超越，我认为我是可以做这个的，虽然我在生活中不是一个浪漫的人，但是我是可以用我所掌控的高新技术做出浪漫和梦幻的，其实这个我觉得很正常。

张　英　　你和媒体的紧张关系是从《英雄》开始的，你觉得自己被误解了，因此委屈吗？

张艺谋　　我才不会委屈呢，我还委屈，不是正常的东西吗，委屈什么？我跟你说，媒体对我们第五代早期的夸奖也不是在夸奖我们多么有本事，我觉得那是一个时势造英雄的时代，所谓的第五代，当时能产生那么大的反响，在很大程度上是（因为）那个时代，那是个反思和布满伤痕的时代，反思的时代中，老百姓都关注哲理，关注思考，关注这种深刻，所以在那个时候，我们的那些电影就得到了很高的评价。我觉得夸奖也是那个时代的，我自己从来就很清醒。

到最后，比如大家骂拍娱乐电影，首先是大家在过去把我们升华了。我是这么看的，过去把我们看成斗士，看成思想家，看成思考者，或者高估了我们，认为我们怎样怎样承担民族文化复兴的重任，我认为是把第五代放到很高的一个位置上，那个时代需要文化英雄，这是我的看法。

我不认为我们是平庸之辈，但是我也不认为我们可以担当一个文化英雄、一个时代人物的重任，到不了这个份儿上。在全中国来说，它"哗叽"一下子就到了商品社会，转型非常快，至少在大城市，"哗叽"就到商品社会了，"哗叽"就没有人太多地去关心思考了，年轻人就是（以）娱乐和时尚为主了，"哗叽"就到了那儿。其实也不是我想拍娱乐片，做什么转型。我所做的任何电影都不是在真空中，都是时势到了这里，影响了我，我也拍一个吧，就是这样子。我们都是在时代的大潮中，我们都是俗人，就是做了这样的事情，拍一些娱乐电影，或者是商业电影，或者是类似的这样一些电影，仅此而已。

我觉得大家把这个事情说大了，我自己一点都没有那种感觉，所以为什么媒体说我抗击打，不是我抗击打，是我认为这个骂也罢，夸也罢，我自己就特别明白。

第一，我自己几两重，我能吃几碗饭，我觉得我自己很清楚。我说的那是实话,我老说我只是一个电影导演,我比我的同代——现在我所有同代人都是退休工人,昨天我妈来北京看奥运会,我给她弄了一张票,她和我所有孩提时代的朋友照了一张合影,七八个人。她拿照片来给我看,这是谁,这是谁,大家都老了。

第二,他们都是工人退休的,普通工人,我当了七年工人,插了三年队,我要不是有一个机遇能上电影学院,改变我的命运,接着开始拍电影,我不也跟他们一样吗,也是一个退休的工厂工人?我自己很感恩时代,很感恩社会,使我自己有了这样一个运气,完全改变了命运。你要是老有这种感恩的心,不是说你要忆苦思甜,绝对不是,你是真正知道自己身上是什么情况的时候,你不会因为人家骂你、夸你就怎么样了,你就脆弱得不行了,或者你就"范进中举",都不会。就一句话,你不会拿自己太当一碟菜,这是北京话,你不要时时把自己当一碟菜,所以我就老说我只是一个电影导演。

张　英　你把自己看作是时代的产物。

张艺谋　现在很多人问我:"艺谋,你好像如日中天?"然后就是"奥运会开幕式完了以后,你要干什么",或者是"你还要干什么"。

我还去拍电影，我还是个电影导演，只是机遇给了我，机遇让我能从事伟大的工作，不是我伟大，是今天的中国伟大。

我就给你举一个例子，在亚洲的两次奥运会开幕式，一次东京，一次汉城，都是白天，白天你做什么梦幻和浪漫？为什么在大白天？是因为欧美强国说收视时间问题，时差问题，必须跟他们同步。在中国就不行，晚上八点，我们的黄金时间，不管你是凌晨几点。中国强大了，强大到了现在可以接受这样的时差，所以我们才能在晚上，在灯光绚丽的渲染下，完成这样的艺术表演。那要给你放到白天呢，也不够强大，放到白天，也是团体操，绝对是团体操，所以我就说我有幸从事这样伟大的工作，根本不是我伟大。

张　英　你拒绝成为之前描述的斗士、思想者？

张艺谋　我不是一个斗士和思想家，是那个时代是一个思考的时代。

张　英　我看过你对媒体有个观察：开始找你的是记者，后来是娱记，接下来是狗仔队，你能接受这种变换吗？这是不是这些年你和媒体保持距离的原因？

张艺谋 第一个,你看我很能聊,是谈艺术、谈创作很能聊,我其实不太爱接受采访,这次丹青给我发信息,特客气,说是朋友,可以不可以接受一下采访,如果不可以就算了。丹青特客气,他知道我不愿意,他越客气,我就越觉得我不能拒绝,我就跟我助手说,你赶紧安排,就这两天。这是个性的问题,因为我就是不太愿意高调,但是我又没办法,现在就成了风口浪尖上,因为你是事业型人的话——我是一个事业型的人,事业成功了,就会把你撂到这儿。你拍电影又不能拍那种特没意思、没想法的电影,你一弄就成了这样了。但是我自己说心里话,我对媒体一直比较敬而远之。

我觉得,只要是从事媒体的人,最好别成为朋友,为什么?成为朋友之后,老是得写点东西。但是我很尊重媒体这个职业,因为我觉得我们今天是媒体时代,所有的信息就是这样子(传播的)。

我是一直跟所有的媒体保持距离,不太愿意接受访谈而已,其他没有什么。但是我没办法,电影这事是周期性的,我拍一部电影要配合宣传,这一个月就得弄一套,然后就完了,老是这样,所以没办法,这个工作就是躲不掉。李安就厉害,我发现他一部电影完了以后,他就用一年的时间配合全世界的宣传,他能走三十多个国家。我那天见到他了，我说你真厉害，你能这样去配合宣传，我就是去上几个国家，再做十几个、二十个访谈，我就打住了，我就跟制片人公司说我不愿意了，一般个把月就过去了。

还有一个，我自己特别注意这一点：在中国媒体发挥的某种救世主作用就是你们完全没有料到的，我就告诉你，任何一个事情经过媒体报道，立即就扭转了，有时候媒体的功能比中央文件还快，我们不能低估那一点。我自己这么看，尽管媒体可能十次有八次说什么无聊的，或者是做错的，但是在这样一个方向上，它真有时候是我周围的人，我接触的老百姓的唯一一个希望。

我觉得中国媒体承担的身份是很复杂的，当然也迅速地有商业化的倾向，我们也迅速地分出三六九等。我们的狗仔队也很厉害，都一样，但是我老跟他们说，我说你看你上网，看电影这一栏，你得有点儿娱乐，我们是并在娱乐界里的，所以你就是娱乐大众。我都不认为这是什么特别怪的事，只是我自己特别不愿意过多地说自己，我今天已经说得够多了。

下 部

张艺谋奥运访谈录

奥运会开幕式和闭幕式，是世界上创作者和观众最多、最引人注目的文化活动。

时间已经证明，北京奥运会开闭幕式，已经成为奥运会开闭幕式历史上的艺术巅峰。路透社报道说，世界各国的观众都对壮观的北京奥运开幕式表达了赞叹。

法国公共电视台的一位评论员说道："不管怎么说，这都是一场壮丽的视觉盛宴。"南韩联合通讯社称赞，北京奥运开幕礼如同一场视觉上的"满汉全席"。澳洲《悉尼先驱晨报》在网站上形容，世界从来没有观看过如此盛大的开幕典礼。

英美主流媒体都认为，奥运会开幕式是中国一次对内及对外的成功宣传。伦敦奥组委总裁戴顿在接受英国媒体访问时说："我认为北京奥运会是历史上独一无二的一届奥运盛事，我不知道有多少国家可以拥有这么多资源或掌握这些资源来举办这个体育盛会。"

张艺谋的奥运时间八年前就开始了。2000年4月29日，他为北京申奥拍了一部宣传片《新北京，新奥运》，何振梁说，那部宣传片"不概念、不卖弄、真实、亲切、自然，是部让人动心的作品"。2003年11月，影片还获得米兰第二十一届国际体育电影电视节最佳影片大奖、国际奥林匹克博物馆奖，还有最佳体育宣传片荣誉花环奖。

在奥运会申办成功后，2003年，张艺谋再拍了一部宣传片《中国印·舞动的北京》。宣传片因对会徽推广和北京奥运会形象推广的作用，再次获得了 2004 年米兰国际体育电影电视节最佳影片大奖，获奖理由是"奥林匹克精神与东方艺术完美结合"。

在 2004 年雅典奥运会闭幕式上，由张艺谋负责的文艺表演"北京 8 分钟"亮相后，赢得西方观众一片好评，却在中国引发了一片批评的声音。2006 年，张艺谋击败了李安、陈凯歌、崔健等创作对手，通过了十一轮的考验，最后成为奥运会开闭幕式总导演。

经过三年的精心准备，2007 年 10 月，由张艺谋负责的奥运会开闭幕式和残疾人奥运会开闭幕式策划方案完成，第一次向北京奥委会和国际奥委会送审就一举通过，并获得很高的评价。但张艺谋仍不满足，进行了长达一年的修改与调整。在 2008 年 8 月 8 日的鸟巢，张艺谋交出了一个让人满意的答案。

开闭幕式团队办公的四层小楼离奥运选手居住的奥运村不远，有复杂的路况和四周居民楼的掩护，外加没有任何奥运标志和标牌，人们几乎会忽视它的存在。总导演张艺谋和他的团队已在这里工作了三年。

"打开始这个工作，我都是每天凌晨两三点结束工作，回家睡到八九点，吃点东西就出门到单位工作了。然后是一直繁忙，和各个部门的工作人员谈工作，一直忙到所有的工作人员下班，凌晨两点左右再回家。"张艺谋感叹说。

创意和技术

张　英　你曾经说，很多好的创意最初不察，回过头来的时候才发现。所谓最初的创意，是指确定一个团队之后才有的创意，还是竞标时候的创意？

张艺谋　有一些是竞标时候就有的。在我们的整个创意中，比如说地面的大屏幕，这个其实是我、王潮歌、樊跃这个团队，还有斯皮尔伯格，在开始就想出来的。像空中的 29 个大脚印，是蔡国强的团队他们的想法。

比如跑道，一个人在那"碗边"（我们把鸟巢叫"碗边"）横向奔跑，这个想法是陈维亚团队的竞标方案里就有的亮点，但当时不是用在点火上，就这么横向奔跑。那个在空中跑，一开始扔了，当时是个亮点，但后来没地方用，就一直撂着，后来又捡回来，又扔，又捡回来，反复很多次，结果还是捡回来了。

地面 LED 和 29 个大脚印一直没有扔，一直放在这里。

张　英　你感叹一个好的创意产生异常艰难，一个好的创意是如何诞生的？

张艺谋　整个两三年里，创意的反复性是很大的。像这种谈创意，当时间不紧迫、没有进入制作阶段的时候，都是在天上飞的。每个人尽管都有一定的制作经验，但还是海阔天空。因为那时候大家觉得好像举国之力，似乎可以上天揽月，什么都可以做，其实是不行的，它有个基本的规律。我们度过了很长这样的时间。

我记得那时候凡是新人一来，一脑子的想法，一聊就怎么怎么，从点火开始到什么什么。我常常听他说，我在旁边就暗笑，我觉得他肯定需要洗脑。一个星期以后脑子洗干净了，他就不这么海阔天空地想了。

所以我自己的感觉是，不着边际、海阔天空、匪夷所思的讨论持续了将近一年，就真的是老虎吃天这样子。到真正开始往实处落，就是确定你可不可以实现，能不能完成。

这时候所有的讨论就慢慢地变成：不可能完成的就不要想了，也不要再反复讨论了，也不要让讨论的气氛转向那个不能完成的方向，不断地在这里耽误时间。

最后，创意的落实、实施成为最核心的事情，它制约着、决定着你是否采纳这个创意，或者说，决定了你是否往这个方向做的最重要依据就是可不可以完成。

张　英　　最困难的是什么？

张艺谋　　高新技术的使用。在开幕式上，高新技术是用来给你呈现出感觉的，而我们使用的所有技术必须是成熟技术，不能是试验阶段的技术。所以我们专程去美国麻省理工学院专门看他们最新开发的东西，其实没有一样能用得上，因为太有冒险性了。

怎么干？能不能干？要说我们的想法，我觉得最有用的想法是，既有好的理念，又有可实施性，这是最重要的。怎么实施，你必须现在就得想，不能说我不管，交给制作团队，那不行，你必须现在就想它是怎么完成的。

举例来说，我在民间也看到了许多想法，关于"飞"，飞起来，什么一飞起来，飞出鸟巢，这个飞不出鸟巢的。你首先要确定它的钢丝管在哪儿，因为现在所有的技术都是用钢丝来飞，而不是用一个热气球，那个就更糟糕，那个受天气的影响太大了，更不可能直升机跑过来，都不行。

用钢丝飞，一个东西要飞出鸟巢，就要在鸟巢外面做两个塔，像高压线一样的塔，高过鸟巢，蹦出一个横向的钢丝来，那个拉力要够，然后纵向的再来一根钢丝，这样才可以把一个东西从鸟巢的地面抓出去，提出去，这是起重的原理。

我们原来有过这个方法，两边两个大塔，然后绷钢丝，而且那个跨度非常大，跨度大了以后，它的横向拉力和纵向的提拉力都非常受限制，实际上可能只能提200公斤。你费这么大劲弄一塔，一根钢索只能提200公斤。像李宁跑的钢索，它的提拉就是150公斤，就不能提更多。像许海峰也是一个原因，他个儿大、体重大，也有一定的危险性。

在这样一个必须确保万无一失的活动中，你面临的最大压力是，它是一次性的，只能成功，不能失败。失败的后果，我剧组的人开玩笑说，基本上我就出不了门了，都骂死你了，真有人喝醉酒拿酒瓶子往你脑袋上捶。

张　英　咱们团队中技术性的人才什么时候进来？

张艺谋　北京特种工程设计研究院院长于建平是中国载人航天工程副总设计师，他带了团队来。他们从我们的创意阶段就跟进，但经常听我们胡侃乱造，跟进那个过程。

我自己认为，创意是最重要的，实用性、可实施的创意是成败的关键。好的想法常常还不是很费劲，很多很费劲的想法可能是这个想法本身不是很有价值，我们也扔了很多。因为在开始制作的时候，你一定只有一个选择；这个就像一列火车一样，一旦实施，一开动就刹不住了，那你怎么可能变来变去的，尤其是总体上的东西，都不可能变。

创意实施下来以后，真正以举国之力，这么大的制作在表演的质量上我从不担心。这么大级别的一个表演活动，投入这么大的人力、物力，表演质量一定可以达标，10000%。担心的反倒是我们俗称的"想法"，有没有这个想法，这个想法呈现出来怎么样——想法最值钱。

我老跟他们说"三三制"，就是全世界再好的艺术作品，三分之一是精彩的，三分之一达标，三分之一可能还是出大粪（垃圾）。但它就是成功的，因为谁都不能保证"把把活儿都好"，这太难了。开幕式整套表演、仪式中，亮点也就是那几把最重要的创意，那几个最好的东西，有几个这样的东西，其实就可以了。

张　英　整个创意阶段持续一年，从 2006 年到 2007 年 4 月，之后开始制作。这一年的时间是天然形成的吗？

张艺谋　天然形成的。应该开始了,如果你不开始制作,就来不及了,有很多想法来不及做了。我们不会说随便搞个创意扔给技术团队去弄,那他们反馈回来说弄不了怎么办。实际上我们在创意阶段就已经跟他们在一块儿,大家都认为可以才行,他们只是等最后的决定。最后,我们决定就是这个方案了。

比如说那个地球,大家都认为可以。因为大家经常谈的也是它怎么升起来、原理是什么,我们以我们每个人制作的经验来看可不可以实施。大家都觉得可以、差不多,原理上都通,那就保留它,保留它到最后,还是要用它,那最后就定。定了之后,甚至我们量尺寸都有一个具体的设想:到底在鸟巢当中是18米高、20米高还是25米高,大约直径是多少。它是一个形象观念,不能匪夷所思。

当然这些东西定了以后,就是你说的一年后开始制作的时候,真正的工程技术部门加入了,他们根据你的想法先出图纸,再找厂家,再制造。当然当中随时会反馈要改变的部分,他们要改就要通知你,说这儿不行,这个要改。

张　英　咱们核心创作团队最终组建的时候,等于是以您为核心,收编了二轮入围的其他团队。

张艺谋　对，是这样子。我们在竞标的时候，一开始很多，上万件作品，后来慢慢筛选，后来到了13家团队，到了5家团队。筛到5家团队以后，大家做完陈述之后，就没下文了。

没下文以后，圈里面的谣言比较多，有一个说法是可能要打包，打一个包，就像春节晚会那种，国人习惯式的，可能要组成一个导演团，在一起集体导演。

当时听到这个谣言，我自己都想退出了，我说那就没意思，不管多大的事，有一些艺术规律是不能违背的。你说让五个导演都在这儿干的时候，肯定会出问题的，最后什么个性都没有了，所以我觉得那样子就会很糟糕。看起来是个谣言，但是那个时候也不管了，自己忙自己的事，等下文，也不知道最后领导怎么定，但已经预计到会做一个综合的选择。

后来我们都知道了，一个是各家团队会综合，一个是各家团队的竞标方案也会综合使用，也不是说以谁为主了，看起来竞标过程并不是一个真正筛选方案的过程，筛选是让决策有一个选择和思考的过程，是这样一个情况。

西方那种竞标很清楚，你竞了标就是你，方案也是你，人也是你，然后就谈多少钱，就完了。咱们还不是，我看主要是一个筛选过程，或者说我觉得是领导需要思考或者酝酿的过程，到底怎么弄，大家先来表现，先贡献。

方案与团队

张　英　很显然，看纪录片里，在第一轮、第二轮方案陈述时，你的团队当时的准备就比较充分。

张艺谋　其实有很多团队都准备挺充分的，我们用了很多时间，他们也用了很多时间，大家都竞标，那时候还觉得谁拿下了就是谁，方案也是谁做，一开始都是这样的想法。等两三次陈述之后，你会觉得，其实最后恐怕也不是以谁的方案为主，大概是一个重新再来的筛选过程。

张　英　第二轮评述，您的打分最高，长处是"世界文化"。和现在的开幕式有很大的反差，现在的都是中国文化，反倒"世界文化"看不见。

张艺谋　我自己都没看那个，你们知道的情况我至今都不是很清楚。当时赢了以后我觉得我们团队得分很高，大概就是这样。当时的方案其实我现在没有太多的印象,不清楚有多少"世界文化",要有也是一些简单的东西,后来我们跟外国人也反复谈了这个东西。

我还在纳闷是什么"世界文化"——我们没有太多世界文化的,可能是说某种历史。因为人家来北京不是看自己来的,人家是看你们家来的,你给人家拿出法国、英国的,人家会觉得很皮毛。

实际上所谓"世界文化",是指我们那时候注重国际性、包容性,有点像现在实现的这一部分。现在的开幕式也是,我们自己一直也在强调这种感觉。比如说梦幻和浪漫的风格,我自己有看法:一个民族自信了,它才会梦幻和浪漫。通常我们说梦幻和浪漫,都是把这视为是法国人的,中华民族给人家的感觉总是很严肃的、很拘谨的、很压抑的,等等,一般在生活中接触到的人也是这种类型的多一点。其实我觉得梦幻和浪漫的风格,对民族的形象有很大的提升,(可以)表现出不是他们想象中的中国人。

因为你能隐隐感觉到,老外认为我们的表演一定会好,这是肯定的,因为准备这么长时间。让他们惊喜的是看到我们的另外一种面貌,浪漫和梦幻,并且有现代感。现代感的梦幻和浪漫,尽管表现的是古老中国的许多文化遗产,但是有这样的感觉。其实世界性也就在这里出现了，就是人性、世界性和包容性，一个民族所谓的自信，我觉得是体现在这些方面。

张　英　　真正开门办事。

张艺谋　　我们和大量的人谈。那时候领导给我们一个指示"开门办学"，给了这么一个指示，我们就必须落实，就组织大量的人谈，工农商学兵，各界人士代表。一趟一趟，我都必须参加，每个人的发言我全部记录，还有学者、国学大师，等等，各路人马，谈得真多。

我经常会引导大家提一个问题：你们觉得要给外国人看什么。这个其实是众说纷纭的，爱书法的说书法，爱绘画的说绘画，爱古董的说古董，爱瓷器的说瓷器，还有其他各种的。跟大量代表谈了，这样的会开了很多次，收集了上百个代表的意见。

那时候我也上网看网民意见，看他们怎么说。我自己感觉大部分人是有这样的心理：我们有一个机会了，我们可得把自己家里的宝，把家底让你们看，吓你们一跳，是这样的心理。我觉得这是对的，应该抓住这样的机会展示一下，要不然为什么有主办国抢这个事情做？就是有这样一个平台,做是一定要做的。

但是除了这句话,除了让人家看我们家个儿大、家底子厚,除了这个呢?一定还有第二句话。这第二句话,其实你在现在的开幕式中可以看到,是贯穿始终的,我们想表现出那种亲和、人性和包容性,还有像主题歌最后的选择《我和你》,"永远一家人",等等。

这个从一开始国旗入场,我们让小女孩来唱歌,把进行曲变成抒情的,主题歌一反常态地选择了这样一个平实、亲和的抒情歌曲,还有最后的笑脸,还有运动员和我们共同完成的一幅作品,很多这样的细节,就是我们要说的第二句话,要体现中国人那种包容、宽广的胸怀。就像我老说的,民族自信了才会有的胸怀,而且谁家的都是人类的,所以要从一个更大的角度去想,要让人家去体会这一点、感觉这一点,这就是我们的第二句话。我们的团队在这一方面取得了一致的意见。

张　英　这两句结论性的话,在最初就有吗?

张艺谋　最初没有,最初我们和国人几乎是同步的,想要展示中国的什么东西,按什么方法,怎么怎么弄。我们当时只是觉得历史部分还可以,而现代部分怎么弄没想好,这部分比较难搞一点。

张　英　　就是出现了困难，也在搞。

张艺谋　　对，当然也是慢慢地觉得我们应该有另外一种表达。跟很多外国人谈也是这样，我们也咨询很多外国人，经常谈这个，就是我们给世界看什么，我们让世界怎么认识中国，这挺重要的。

实际上，我自己跟奥运会结缘比较早，八年前拍申奥影片开始，就去领悟奥林匹克精神，我很早就开始了。我记得有个外国人说过一句话，说得很好，大意是说，什么是中国人最伟大的胜利？全世界204个国家的运动员，优秀的年轻人那一天站在你们体育场的地上，全都集合起来，站在这里，这已经是伟大的了。

他当时只是告诉我说，你不要在文艺演出上有那么大的压力，那一天已经是中国人了不起的节日了，这就是最大的意义。意思就是说，文艺演出，演好演坏就那样，大家能来这里，你们已经赢了。

这给我另外一个启发，就是那种人类性——很多东西我们是从很多观念上去想——所以很多点子也就慢慢出来了。

张　英　　奥运会毕竟跟个人的不一样，有很多规定动作，有很多自选动作。规定工作有来自奥委会的，有来自国家的，也有来自咱们自身的，最初意识到的这种规定必须完成的东西是什么？

张艺谋　　那当然。你要有口号，要有主题，要有所有的东西，这样规定的东西就不说了。到特别具体的环节，比如说中国五千年的历史部分，到底选取什么，你必须有个选择。我们后来就慢慢清楚了：我们只能选那些最有代表性的和最有共识的点。比如说"四大发明"，我们觉当时是一定要用这些点的；还有海上丝绸之路和丝绸之路这两个最重要的对外交流的通道，类似这些点。

当时我在纽约拍秦始皇歌剧（大概是冬天），突然有了一个想法：我们打破晚会式的结构——历史、今天、未来——不要这样的结构，我们换一个结构。当时就取了四个章节，四个章节就是四大发明，用四大发明去做四个章节，去演四种才智，一个章节演纸，一个章节演火药，一个章节演水（指南针），一个章节演文字，把当代、未来和历史混在一起。演四个章节，而且不分历史和现在，用非常现代的手法来演。纸，谭盾都搞纸乐、水乐，纸的听觉、纸的视觉，用现代的观念演出来太有意思了，再配合一些技术。

水的听觉、水的视觉；火的听觉、火的视觉。我一说你就知道，那全世界有多少特别前卫、有意思的演出。我觉得特别可以入画的、特别可以入镜的、特别可以上舞台、能用作表演的，是中国文字，特别美，从象形文字发展来的。全世界的现代文字几乎只有中国文字是从象形文字发展来的，我觉得特别有意思，打电话给北京团队，他们都特别兴奋，说这个特别有意思，能激发很多想法。结果，审查委员会没通过，大家觉得有点吃不准，后来还是算了，结构上还是沿用大家习惯的结构。

其实我觉得，那个设想在我自己看来，会比现在做成的还现代，还时尚，还超凡脱俗。现在的结果比较传统一些。很遗憾没通过。

张　英　　按历史和时间的就顺利通过。

张艺谋　　对，按时间，按基本的编年史来。

张　英　　这肯定是一个大的版本变化，从2006年4月16日到2007年4月这一年中，类似这样的变化有哪些？

张艺谋　　太多了，换来换去的东西太多了。真正的制作差不多也就是近大半年，真正动工以后，有些东西能换还尽量换。如果你真的有个很好的想法，能换就尽量换，除非是已经大规模开工了，不能再改，那就算了。后来也说创意无限，实际上你要是睡一觉，觉得不踏实，你完全可以改。当然这有一个基本规律，总之是很复杂的。

张　英　　咱们创意团队很早就建立了，但是制作团队呢？

张艺谋　　同步建立的，当然那时候没有真正的实质性制作，要等你创意定型。国外做这种大型活动比较简单，创意定型以后就不管了，老外都喝咖啡去了，交给制作团队做去，做的当中碰到什么修改，碰到什么问题，跟总导演切磋一下，发个 E-mail，继续做。总导演就接其他活儿了，偶尔来看看实践情况就行。

咱们不是，咱们是一直改到最后，这是中国特色，一直改到最后。实际上永远有一些变数在，有时候是自身的，有时候是外界的，所以不可能创意定好了，往上一交，我就喝咖啡去不管，按这个做就完了。不可能，哪个活动是这样的？绝不可能。

一直（要）到最后了，仍不断地跟制作团队反复，制作团队最后也晕了。你改的东西特别多，他们晕了，能改得及就改，改不及就不改，不然就都来不及了。

张　英　程小东说他后来是半年前紧急介入。

张艺谋　对，那是人员调整，因为原来我们有一个负责空中项目的，合作条件谈不拢，临时换人，就找他了，有很多这样的情况。你想两三年，人家耗也耗不住，或者期望值也不能满足，事也来了，他就走了，这经常有。

张　英　咱们核心团队有多大规模？

张艺谋　我们有个核心创意小组，我认为这个核心创意小组是比较重要的，从点火、火炬到最主要的文艺表演，各个方面都是核心创意小组负责，一有问题，主要跟核心创意小组谈，再扩大到一些主创来谈所有的创意。你看节目册上有个核心创意小组，大概是我们三个总导演、副总导演，还有老蔡（蔡国强）、王潮歌、樊跃，就我们几个。核心创意小组是最重要的创意团队，以我们为主，然后扩大到一些美术总设计、音乐总设计。

张　英　社会上流传有很多顾问名单，顾问实际上不是一个正式职位，是吗？

张艺谋　说起来对人家顾问就不尊重了，实际上顾问就是一个象征。感觉像是奥组委希望给社会一个说法，我们搜罗到所有精英，有这样一个姿态。顾问委员会的顾问们来开会的不多，而且人家也顾不上我们，我们也不问，人家也不会给你在这儿泡两三年，基本上是象征性的。

张　英　　咱们团队里面有两位外国的朋友，美术总监、服装制作，为什么去请他们两个进来？

张艺谋　　这样的制作一定需要各路精英，所以我们也希望给中国人的观念中掺一些沙子，做一些嫁接，等于是大家互相搭配，这也是定好的，有些方面一定要请外国人来。

美术总监马克·菲舍是很优秀的。拉斯维加斯有一个 KÀ 秀很卖钱。后来我看了更卖钱的新版 KÀ，马克·菲舍的杰作，他是做美术总监的，很有经验，很有想法，所以我就叫他来。

服装也是这样，原来服装还是请了奚仲文，奚仲文是《黄金甲》的服装设计，最早拍《古今大战秦俑情》也是他。他是香港最资深的美术设计、服装设计，几十年了。他出道的时候，叶锦添还没出道。他人很好，跟我合作有几十年，老朋友了，一开始是请他来做服装设计，他已经做过一阵子了，后来因为没时间，他发现我们这儿耗的时间特别长，最后就撤了。他撤了以后，我们请的是石冈瑛子，她比较有名的是《惊情四百年》，那个电影的服装设计得了奥斯卡奖。另外她不仅做服装和造型设计，还做过舞台导演和舞美，我看过她的一些作品，比较全面，挺有特色的。我们当时找她，是觉得她也在东方文化的线上，这样大家都比较熟，所以叫她来。

张　英　　最终的成品能看到石冈瑛子的什么痕迹？

张艺谋　　文字类表演的服装就是她做的，那个服装不错，就是三千弟子念《论语》，黑白灰调的。好多古代的、现代的，理论上都是她设计，当然后来改了。她原本负责全部服装的设计，但我觉得那套服装不错，另外还有一些很特别的设计也不错。

但是你知道，中国人的表演服装其实也是有讲究的，不能胡来，不能打破朝代的局限，也不能变得都不认识，不土不洋的。所以实际上还是有很多限制，不可以随心所欲。

张　英　　三千弟子的那场戏完全是黑白，这是你规定了一些东西，演出穿那样的服装？

张艺谋　　我们首先规定了，表演最好从黑白开始，一个画卷打开，先是黑白的，慢慢到彩色。本来想上半场全部是黑白，到当代部分再变彩色，但是很难坚持下去。因为在广场上走黑白很冒险，它不像舞台上黑白的味道能看出来，广场上的黑白，加上灯光，加上各种东西，不一定有那么强烈的黑白感。时间一长，人家会觉得好像很不热闹，冷冷清清，甚至有凄凄惨惨之感，所以不能把上半场全做成黑白的。

在中国，颜色是很重要的手段。所谓色彩斑斓的中国历史，如果你全用黑白去读解，可能意识形态上会有一些问题，可能老百姓也不接受——怎么灰乎乎的？黑白中间就是灰，大部分是灰调子的东西，不同层面的，所以我们基本上在前两场坚持了黑白的味道，到后几场就放开了。

所以你看到的第一场，画卷这一场基本上是黑白调子，因为是写意画，所以黑白调子很对路。到了文字这一场，就是活字模那一场，基本上也是黑白调子。但是最后开桃花，已经开始有色彩了。再往下，郑和下西洋、丝绸之路这一段，也就是戏曲这一段，就放开了，就觉得再往下走会有一个拐弯。

戏曲的小戏台我们都做成黑白灰的了，怎么看怎么别扭，我们自己都觉得这不像戏曲，戏曲界恐怕都不认可，太主观性了。戏曲的舞台你也知道，都是那种像长安大剧院一样中国传统的东西，你做出黑白，也不是石膏，也不像希腊的雕塑，我们自己也觉得有问题。我们做成黑白调子，把它这样改过来，连我们自己都觉得不好看。

那时候你会觉得，有很多东西是理念第一，但必须符合大部分人的审美习惯，也要符合长期以来的某种约定俗成的东西。因为这么大的活动，不能说我就坚持这个理念，我就特别个性，你爱喜欢不喜欢，这个不行，你搞自己的作品没问题，但坚持这个肯定不行。

有一些同事不同意，说应该再坚持，一直到礼乐都是黑白的，最后变彩色。我先不说对不对，这么坚持，后来我想也不行。为什么呢？我跟他们说，其实不用死在一个理念上，我们要看它整个的感觉。从观众来说，只要他感受到我们一开始从一个黑白的画卷，一张白纸上开始画一个黑的线条，有这个感觉，有这个开头就够了，你不要一直刻意地让服装都是黑白的，刻意地一直往下走，这样可能会有问题。因此，只能在可能性和可行性之间找平衡点。

张　英　　开幕式一开场击缶，让大家都很震惊，因为普通人的记忆中没这一号乐器。咱们是什么时候开始找到缶的？

张艺谋　　一开始，团队定了一个基本的方向：欢迎仪式可能要用打击乐。因为我最反对用鼓，继刚、维亚他们都觉得其实鼓是很好的，我们团队大部分人也认为鼓是很有激情的，我是属于坚决反对的一个，因为媒体给我画的形象导致了很多陷阱。这个陷阱是，我要一用鼓，就跟我画上等号，就死路一条，就像我用红灯笼一样，一定是死路一条。

那东西不是不好，我们都觉得好像需要打击乐，因为打击乐有激情，而开场欢迎，激情是必不可少的。打击乐用什么呢？那就得苦思冥想，得找东西打，其余的打击乐很难超过鼓的激情。

后来，我们想从鼓乐器中去开发它，让它的声音有一点鼓的意思，但是造型上不一样，就走这条路。走这条路子最早找的是柷，还专门调研了，做了很多东西，这个柷试了很多次。柷主要是像个斗，也不错，但是敲的时候有个棍，伸在中间"当当"地来回碰，这个有点使不上劲，而且没有激情。柷是用在乐队演奏的前奏，有点像打拍子的，起始音"当当当当"，现在去天坛看去，祭天仪式的旅游表演就是这样，拿一个柷，一碰这玩意儿，"当当当"就开始了，是个起始乐，不是主力乐器，是前面发号施令的感觉。后来觉得柷不合适了。另外它有活体传承，你就不能乱变。

后来，慢慢查找典籍，查出这个缶。我们为此咨询了很多专家，瓦罐的缶不太好，声音也不行，另外瓦罐的缶不登大雅之堂。后来，注意到有一种青铜的缶，我们觉得这个不错，做成青铜的样子，蒙上一个皮，敲起来也有点鼓的声音，就基本定了一个方向。

咨询了很多专家，有些专家认为，这个青铜的不是缶，有些专家认为，青铜的就是缶的一种，是后来发展的或者后代变化的，总之也是有点莫衷一是，但是绝对有青铜的缶，有出土文物为证，那么我们就先造型。现在完全是青铜缶的造型，然后就是敲击的声音，敲击的姿态、方法，所有专家众口一词说，没有活体传承，那就变成你爱怎么敲就怎么敲了，给了我们一个空间。所以我们用了这个，等于是沿用了打击乐的激情、力量、震撼，但是有一个新的符号进来，破一破老一套。

另外，我们开始用手来击打，演员手上戴的都是顶针一样的道具，戴好几个，打下去就是响的，光手掌还不行，所以用整个手来击打。最后才用槌子再打，整个做了一些变化。其实做一些变化也就是带来一些新鲜感，要的主要还是那种激情和力量。不过有了这种新鲜感，演出来以后大家觉得挺喜欢的。

张　英　很诧异。

张艺谋　对,怎么是这样的?其实有时候走一步就行,所谓创新,就是一步,甚至一小步,也别奢望你弄一什么东西大家都不知道,没见过,那也不可能。就是一小步。可常常是看惯了的那个东西,有这一小步就会觉得是不一样的。

张　英　造型上是什么道理呢?

张艺谋　那个是带有中国戏曲的,叫英雄,戏曲装的,加了一种表演感。广场表演的化装是可以适当夸张一点的,不用追求生活妆,可以追求舞台、戏剧化一点,因为它适合广场表演。大家看广场表演,你化成这样子也不太奇怪,只要不是大花脸就行,可以接受这种。

广场和人海

张　英　咱们这个奥运开幕式,参考了过往十几届开幕式的形式,对其他的广场艺术形式有参照吗?

张艺谋　那当然,这是我们重点研究的。太远了的其实参考性不大,就是近四五届,尤其是近两三届,比如雅典、悉尼,再往前是洛杉矶,大概这几版就是重点。夏奥会、冬奥会都是重点，包括去年的英联邦运动会，大型运动会的开幕式都是我们参考、研究的重点。看别人怎么做，另外我们自己不（要）犯什么错误，吸取有用的东西。

张　英　　对于你作品的称誉或者对广场艺术的称誉，一个说法是人多，人海战术，您对这个怎么看？因为广场艺术规定了人多是一个前提。

张艺谋　　对，我首先认为，是媒体这么写、这么炒作的，把"人海战术"作为贬义词，又给我画了等号，好像这样就是错误的。其实这样说才是错误的，因为广场艺术一定要使用某种人海战术的观念，你不能设想30个人在广场演就好，一个是看不清，一个是非常冷清，除非你自己做前卫艺术表演，比如你做艺术家表演，那没问题。这种演出要有激情的东西，一定要呈现上万人进去。科技手段、造型的东西、装置的东西都是死的，在表演中，最灵动的是人，最有意思的也是人，人给人呈现一种东西。

什么是广场？广场就是使最多的人聚在一起，产生一种力量。不管我们是开会，是节日庆典游行，还是我们的表演，聚了很多人之后，什么都不做就有一种异样的感觉。这就是人类，生理意义上心跳就加快了：哎呀，这么多人。

从人的个体来讲，生理性上，看到聚在一起做一件事情的时候，人就会产生感动，会产生一种感觉上的审美，带来很大的心理不同。你怎么可能在广场的表演中不用人，不用很多人呢？你用就嘲讽你，说你就会人海战术，那为了避免这种不科学的嘲讽，而要取宠于什么人的话，那我就不要用人了，就基本二三十个人，那就止步于观念了，绝对是错误的。实际上，任何一个导演在大型广场表演中，用多用少单说，要不用这么多的人，那见了鬼了，就不可能演下来。

张　英　　关键是分寸的把握。

张艺谋　　当然，那只是说你要去掌握一个分寸，分寸这东西仁者见仁、智者见智。其实有时候，我们团队都特别清楚这一点，因为（是）我做总导演，很多东西有禁区，他们觉得是很不公平的，不公平在哪里？

舆论的期待值是不公平的。因为对于我的电影和我，过去有很多争论，我自己感觉很多人是不了解我的，完全不了解我，然后媒体一而再再而三，以讹传讹，把许多东西有点妖魔化——我们不说"妖魔化"——把许多东西概念化。概念化之后统统变成贬义了，然后演变成我做这个总导演禁区就特别多，许多有效的手法和手段，因为是张艺谋做总导演，是不能使用的。大家都觉得，一使用一上来就要砸了，要被骂了，或者是一片嘲讽了。大家都觉得，你看导演，都是你闹的，不然的话，这么做都没问题的。

有效的手段就是有效，有许多东西所以成为符号就是因为被常用才成为符号，而且确实，符号在国际社会上也被接受，但我们不能用，变相使用都不行。你看我们这一次就没怎么用灯笼，其实我一点都不反对用灯笼，它确实在世界上都是中华民族的符号，你到哪个唐人街去，到哪个中国社区去，逢年过节，喜庆时分，我们的庆典上不出现灯笼不可能，现在立交桥上都挂着灯笼——张艺谋只要不使用，才没问题。

张　英　这些都是具体的压力。

张艺谋　我特别不愿意让这个团队的创作因为我受牵连，因为我定了某个概念，让大家的劳动受到不尊重，我完全是为了（防止）这个，我才不是怕人骂。我觉得这样的话，大家的劳动得不到应有的尊重。

比如说，有一场如果我们灯笼用得很棒，其实是应该得到喝彩的，可是因为是我，一上来就说我，所有媒体就来电，"他就是会灯笼"，就跟你说"三板斧"，把你盯死了，这样实际上很多有效的手段，在我们这里只会被谨慎选择。

我不是怕谁，也不是要获得喝彩或得到骂声，而是要让大家的劳动得到公平的评价和认可。我特别负责任，所以我就说，你们都说好，有灯笼的我都不同意，我就是一直做这些的，坚决反对。他们就觉得：你有点过了吧，导演，你这样的话，咱们很多东西是不能用的，很多东西非常有效，是不能用的。我说是的，也许我们要想一些其他的办法，"条条大路通北京"。

张　英　　确实，对你的限制会非常大。对于一个导演，大家会有一个期待值，因为比如大红灯笼很受限制，会不会让你个人表达减少，而本来有一些东西是很添彩头的？

张艺谋　　常用的那些东西，之所以大家都常用，说明它是有效的，甚至是有速效，但确实是因为不愿意辜负全国人民的期待，我们也不想让大家的期待落空，不想让大家看到所谓的老一套，我们就一直绕着这些常用的符号走，也是一种绝处逢生。我不认为它有什么好或者不好，对于我们来说只是一个选择，照样可以做一场奥运会开幕式。就是这样。它在艺术上只是一个选择而已。

张　英　艺术创作确实很多事情是被动的。但是人海战术，因为你刚才谈到了，有意选择"软"，不选择广场艺术原来规定的那种高亢、激越、阔大的意思，比如中间主题歌的宣传、小女孩，这些东西是怎样形成的？

张艺谋　理念是慢慢形成的。实际上我们首先定了一个基本的美学品格，像我们开篇的画面一样，中国的一幅长卷画在广场中间"哗啦"打开，或者一个卷轴，这样一个符号。我跟BOB转播公司的说，你一定要给我从空中拍一个这样静静打开的镜头，有五秒钟以上，我说这是我们的一个象征和符号，是我们今天晚上要说的一句话。

由中国的写意画和笔墨精神，由中国画的美学品格延展开，它的意境、留白和所有的味道（韵味），带来的就是后面的一系列创意，这是我们的基本追求。写意的、浪漫的，我个人也始终认为中国的泼墨画是非常写意的，纯粹是主观精神上的一种宣泄，不求形似，只有中国人是这样的。

张　英　在这个开幕式之前，包括奥运会、亚运会的这种大型开幕式，往往都是雄浑、激情的，有一种惯性的东西在里面，这会不会限制本身（发挥）？

张艺谋　其实我认为无一定之规，广场的表演形式有基本规律，但也并不是只有一种规律。人海战术是要用的，人多的表演是要用的，但是方向其实是很有规律可言的，还是要看你用什么。

就像我刚才说的，我们定了中国写意画的韵味和意境，我们定了要一个空灵、浪漫的基调，往这里走就可以了。不妨碍是一个人做到，还是一万人做到，你往这里走就行了，所以是两回事。

当然了，广场艺术最基本的东西就是视觉效果要比较强，还有排序要迅速看到，它的节奏、它的夸张的放大化，一定要把视觉效果再强化，跟小剧场、歌剧什么都不太一样，一定要把视觉效果放大、强化。其实把视觉效果强化，倒是我自己的一个特点，我在这方面还是有一些经验积累，所以用在广场上可能就会比较顺。如果一个导演长期做小剧场，实验、前卫，或者做博物馆的话，在广场上还不一定顺利，要有一个调整。正好，比较强烈的视觉造型风格一直是我的一个喜好。

张　英　实际上在电影创作之外，剧场、大型广场艺术创作，你也有一个系列，从《图兰朵》开始。你（经历）这么多年电影之外的大型广场艺术表演，你觉得自己有没有什么变化呢？

张艺谋　没有什么特别的变化，只是一种经验的积累吧。你现在可以看作，好像那些东西都是在为奥运会做一个经验积累，但是谁也不知道是这样的一个结果。

也不是我自己要去多元化发展的，我也没有那么大的野心。我当电影导演当得好好的，人家意大利人跑来找我导《图兰朵》，我一开始还拒绝了。后来，找几个评委给我做工作，我一看不错，就接受了。其实后来我才知道，他们是很简单的，意大利歌剧有这个传统，就是找很多电影导演来导，我当时就觉得很惊讶，怎么让一个电影导演导歌剧，完全不懂。他们说你不懂就对了，那好，我就觉得人家让我去弄新鲜的，我反正去了就按我的意思，在那里半懂不懂就开始做了。

十几年前，从那儿开的头。开完头之后，好像还不错，在西方反应很不错，然后就继续让我导这些东西。接着，中央芭蕾舞团赵汝蘅团长让我去导芭蕾舞，甚至让我自己去找一个题材，我说，那不然就把我们的电影改一改，别新写剧本。

后来，大型实景演出好像有一点"滚雪球"，然后就变成别人认为这个导演好像可以做一点这样的事情，机会就找来了，都不是刻意的。但是现在想起来，我自己这些经历其实是很好的实战锻炼。大型化、广场化、剧场化、舞台化的表演和制作的经验，对我这次做开幕式的工作特别有用。不用去倒观念，你都很明白应该往什么方向走。

张　英　　有人看了歌剧《图兰朵》，说西方人的中国意识特别繁杂、杂乱。你的《图兰朵》前身跟奥运会一样是一个"删繁就简"的过程吗？

张艺谋　　一个是删繁就简，一个是我当时想在色彩上强调华丽感，因为看了几版《图兰朵》，普契尼也没来过中国，他想象中写的中国就有一点诡异，故事选择上也有一点诡异，他没写完，他写完还不知道最后是什么结果。所以，很多西方导演导《图兰朵》就是那种调子，很诡异的，是他们想象中的东方神秘古国。

我当时导的时候就觉得要发力一下，所以就弄得特别华丽，也借鉴了很多京剧的手法、京剧的色彩，弄得满台特别地华丽、热闹，有点猛。所以，那时候《图兰朵》刚演完，意大利的评论就说，张艺谋提着颜料桶往观众身上倒，意思就是说华丽得不行。我原来觉得，我就反反你们，你们把中国老是弄成黑调子，我都看过一个黑色的

《图兰朵》，舞台上全是黑的，灯也是，低低的调子，很省电，打一点点光，歌剧竟然打那种很省电的光，我觉得有品位。你想，纯黑的《图兰朵》我都见过。

所以，我当时完全是为了反他们，因为我在制作的时候，当时意大利的灯光师，还有其他很多人就告诫我说，这个可要小心，现在欧洲舞台上这种低调子、暗黑色很时髦，我要小心。我当时就不管了，十几年前。反正我就一锤子买卖。我根本不懂。你让我来弄歌剧，还不按我的意思弄？而且我那时候也觉得，你们把中国弄得黑不溜秋的、暗暗的，我得变一下，艺术上反一下。

谁知道那一次还好评如潮（好像是），我估计他们是看着新鲜。还有一个方面是，人家也不太好批评。为什么？在我之前的《图兰朵》的导演全部是西方人，我是唯一一个"娘家人"，"娘家人"来了搞一个《图兰朵》，好像是正宗的，不好说它哪儿不对，对吧？以前是我们炒人家的菜，现在人家主厨来了，再加上我好像也小有名气，所以基本上是不好下嘴骂你，就变成权威的评论都好评如潮。

所以，从那个开始"滚雪球"，然后滚出来许多许多这样的户外大型演出活动，有了这些经验。其实现在也很感谢这十几年的多元化发展的锻炼，要没有这种锻炼，可能这次奥运会自己会更吃力一点。

张　英　　这种综合考评可能也跟你的大型演出有关系。后来我没有看在美国演出的《秦始皇》,《秦始皇》好像没有这种华丽,是另外一种华丽吗?

张艺谋　　《秦始皇》其实是做得挺往现代戏剧的观念上靠,也是樊跃设计舞台,执行导演是潮歌,她一直在那里做,是偏现代感的艺术风格。潮歌用长长的砖跟绳索做了一个挺现代感的舞台,全把它吊起来,全部都是绳索和砖,在舞台上构成一个大的空间,没有其他东西,全部简化了,挺现代感的,没有用传统的符号,跟《图兰朵》完全不同,我觉得也挺有意思的,是另外一种感觉。

张　英　　你的"印象铁三角"什么时候开始成立的?

张艺谋　　就是从《刘三姐》开始的,那个事儿一开始广西阳朔找我,也是比画《图兰朵》,要我在水上演一个歌剧。好,我就去弄了一个,后来就发现一个问题:谁在那里唱?歌剧得有演员,都是角儿,谁天天在那里唱,那不可能是一个歌剧,跟哪个团能签几年的合约?后来就把歌剧的事"流产"了,慢慢就滑向某种广场演出的方向。所谓音乐歌舞、广场演出,但有一度就"流产"了。

我也顾不上，我就拍电影了。我觉得这些都是闲事，就半生半熟地撂在那儿，一直到碰到潮歌、樊跃，他们俩给我介绍。哎，我觉得大家很投机，他俩可以在那儿盯着把它做下去，等于那个节目就是他俩在盯着做，我变成"宏观调控"。就必须要有这样的人在第一线做，完成它，他俩很支持我，我还是拍我的电影，我只是遥远地发表一些意见，在那里说就完了，后来他们就把它弄成了。弄成了我们也都没有多想，就是一个旅游演出，不要弄那么俗就完了。

有一些好的想法是潮歌、樊跃他们固有的，我看过他们一个"水中拉红绸"的想法，他们从曾经的节目里拿到这儿来用，有一些东西变化了一下。结果就火了，现在火得不得了，成了地标，后来引发了一系列效仿，各省不是都有吗。

张　英　你在实景舞台、歌剧舞台的经验，实际上成就了开幕式的应用。

张艺谋　都有，其实是综合的，但是像奥运会这样大型的表演，团队作战的作用非常大，我还是首先应该感谢我们这个团队，大家都付出了很大的努力。

我现在接受采访，说心里话，因为媒体老说我，我比较不好意思。为什么呢？最后弄得都是我一个人的功劳，我怕人家这么说我，所以你要说经验，各种经验都有。但实际上对这个团队最大的压力，或者倒过来说，对我最大的压力就是如何有创新感，如何跟老一套不一样，那时候也挺有意思的。

压力和妥协

张　英　怎么看雅典"8分钟"的争议？

张艺谋　实际上，雅典"8分钟"有许多"难言之隐"，因为这种活动，8分钟的限制也很大，有很多"难言之隐"。但是"8分钟"，外国人当然很喜欢，中国人一片骂声。而且很多人告状告得级别很高，都告到领导那儿，所以有时候，你也觉得，怎么是这样子的？

后来接了奥运会，因为有"8分钟"的前车之鉴，我看到许多人对于让我做这个总导演有许多担心。老百姓一看又议论起来，文化阶级不用说了，对"8分钟"是一片喊杀声，很多都说，将来开幕式就是"8分钟"的"放大"等，大家都"忧国忧民"，说这个开幕式要怎么弄。

其实我自己很清楚，首先"8分钟"有很多"难言之隐"，你看我从来不解释，其实不代表我们只会做这样子的，这是其一。其二，它也有好的方面：让大家对我们多了很多担忧，而没有那么高的期望值。我还老跟他们说，这也好，这是一个反托，人都觉得你可能要砸了。但它也是一面镜子，可以看到中国普通观众讨厌什么，不喜欢什么——我们老开玩笑，说叫作"首都文艺界"。

在中国，"首都文艺界"出来砸你，你就死定了，基本上就不行了。所以也能看出来，大家对某种老一套的反感和一成不变模式的不喜欢，对那种作品肯定有质疑，所以这样子也有助于我们多注意。

张　英　　是压力也是一个提醒。

张艺谋　　那时候接到这个职务，组建团队，我自己很清楚，我们一定不会做大家觉得老一套的东西。我对自己的能力，对这个团队的能力都有充足的自信。其实，你想两三年以来这么高度关注的一件工作，方方面面的说法也很多，我们其实都很仔细地听大家说，不断地想我们到底能做一个什么样的开幕式。

那时候开玩笑说,这件工作不是流芳千古就是遗臭万年,就是一步之差。我们团队的人跟我开玩笑说,导演,要是这活儿干砸了,你别出门了,就直接去海外吧,在什么群岛上待着算了,不然出门就有人打你(当然这是开玩笑的)。因为老百姓就觉得,你给我们丢人现眼了,一个百年的机会,搞成这个样子,大家就都不喜欢你。

这样仔细一想呢,确实老百姓有那么高的期望值,真的是不能失败,不能让大家觉得不好。民意是这样的,好就是好,不好就是不好,也不能说靠一帮文人在报纸上写文章就愣给说过来了。现在的年轻人多么自由地发表意见,还有互联网,说是说不过来的,不喜欢就是不喜欢,谁也不能弄一个权威非得说它好。所以,这些方面肯定是一致的,水平高低难说,"萝卜白菜,各有所好"这都难说,但是好和坏常常很一致。所以,这个工作很难做就在这里,谁做这个工作都很难。

我们都知道艺术的规律是什么,艺术的规律是不可能大部分人说好,艺术的规律一定是众说纷纭、众口难调,可是这件工作它的结果一定要让大部分人肯定,这是一定需要做到的。谁坐这个位置、谁当这个导演都是一定要有这样的结果，这就很难了，真的很难。还不像干一部商业电影或者什么，只要取宠于某种观众的审美情趣就可以了，哪怕文化人说你很俗，但是很卖钱，老百姓看看热闹就过去了，不是电影上的这么一个事儿，真的是要上下左右，大部分人认为不错，认为这个表演是有神采的。

你说哪一个文化活动，哪一种表演可以达到这样的程度？在这一点上，我们整个团队都有压力，不单是我。我们从来创作一个作品都不会想一定要有这样一个结果，才可以给民心、人民、老百姓一个交代。人们要不这样看，那真交代不下去，这个工作已经不是遵从艺术创作的基本规律就可以了，换谁或把哪个团队按在这里做这事，尤其是在中国举办奥运会这样的事上来说，也都是这样。

所以，这个压力不是什么人给的，越进来，越掂量着分量，就是这样的。没有人给你压力，没有人天天说什么，没有，都是鼓励，都是宽松。领导都说，我跟你说，这次我们接受的审查规格是建国以来最高的，基本上是党中央审查，毫不含糊，这么大的事儿，没有一个文艺活动曾有这么多层次、高规格的审查。

但是我告诉你真心话：每次审查完了，最后最高领导人告诉我们的永远有一句话："艺谋，众口难调，你们导演组整合大家的意见，但是你们要符合艺术规律，怎么取舍都是你们定。"真的是很进步的观点，"怎么取舍都是你们定"，不要求照搬，而且有很多意见是不一样的，都很体谅，都很懂艺术基本规律。

实际上，你看从党和国家领导人到其他各级，其实没有人给你压力。我说的压力一定是来自这个事儿的。对于事儿本身，只要大部分人认为这个东西不行，你是交代不过去的。

张　英　这也体现了时代的进步。

张艺谋　不是，只有这一件事儿是这样的，只有这个创作是这样的，其他创作大可以去坚持艺术家的个性，大可以走孤芳自赏的道路，不会犯罪，也没有人说你做的不对，大可以叛逆，就只有这一件事情。你自己想想，这个道理不承认都是不行的，一定是这样的。我不知道外国办奥运会是怎样，我相信也得有这样的压力。我也注意到，不光是中国，每个国家费了半天劲，几十年申奥，终于拿下一届，成了全世界的焦点。而导演导一台开幕式，特艺术、特个性，最后人人都不喜欢，恐怕也不能这样肆无忌惮，说我无视所有压力，我是艺术，也不行，那个国家的老百姓恐怕也不干。所以，这个事情本身的意义已经超出了普通的创作基本规律了。

张　英　可能多少好一点，有一点个性化。

张艺谋　对，我觉得会好一点，也许外国人看东西是平常心，就过去了，咱们肯定过不去，一辈子都过不去，而且整个国家（短期内）都没有第二次机会了，说不定整个一代人很长时间都没有第二次机会了。再有就是我们下一代，甚至下下一代。你想一想，这怎么可能过去？压力其实主要是这个，俗话说的，我真正体会到的是"只能成功，不能失败"，这八个字常常挂在嘴边，在这个事情上真是千真万确，是你要面对的。

张　英　这个事是一个宏观的压力，贯穿始终。在运作过程中，还有什么更具体的压力呢？

张艺谋　那就很多了，太多了，不能一一列举，各种各样的困难。

张　英　张艺谋把奥运会这个槛儿都过去了，最高峰都过去了，以后怎么样？

张艺谋　以后也不能天天办奥运会，我以后拍电影呗。当然了，电影创作有好有坏，有起有伏，这是非常正常的，有夸的，有骂的，但以后还是一样，不会怎么样。我很庆幸的是，奥运会开幕式因为团队所有人的努力，我感觉大部分人是肯定的，我就很幸运了。

张　英　除了文化批评家，看开幕式直播的老百姓大部分觉得不错。

张艺谋　那当然。你看艺术研讨会，什么叫艺术研讨会，什么叫艺术家？艺术家不说点不一样的东西，就不是艺术家。什么叫批评家？批评家不批评，也不叫批评家。

张　英　也有人说，通过开幕式，"张艺谋一雪前耻"。

张艺谋　我前面都没有什么耻辱，我从来都不认为他们前面给我画的像就是我，我根本不这么认为，我只是不爱解释。他们一直给我画了一个像，这个像是后面跟着前面描，大家都是无意识的。

张　英　那天在发布会现场，陈其钢导演说他很佩服你，说"艺谋是一个妥协大师"。

张艺谋　他说的是一句实话。我不能说我是什么大师，但是他说的这一句实话是对的，他有最深的体会。因为他一开始就特别坚持，老跟我吵架，当然我们是好朋友。他直到最后还在坚持自己的想法。

我跟你说，谁坐在这个位置上都要妥协，而且每天都会有妥协。我非常知道辩证关系，必须在妥协中求生存，必须在妥协中有某种坚持。因为你面对的，永远是无数的困难，必须先妥协。但这种妥协也是广义的。

在开幕式总的职务上，我觉得我一点不带吹牛的：很多导演搁在这儿，在生理上、心理上都坚持不下来，会产生问题，实在要有太多的妥协。

所以，我记得在希腊见他们奥运会的头儿，他说他的工作很重要。什么叫重要？他的工作就是要留住导演，这个导演随时要走人，因为受不了，他觉得他老得妥协，好像周围人都指手画脚，西方那种自由惯了的导演动不动随时要走，他说我不知道他的工作有多重要，他一直要把导演留在这里，这就是他的工作。你想，在他们那种气氛和创作环境中，都有人要撂挑子走人，那妥协是一定要的。

转播的幕后细节

张　英　　所以你对你的核心制作团队总提，开幕式不是给鸟巢的几万人看的，而是给电视机前的几亿人看的。

张艺谋　　不，两头都要顾，不能只顾一头。我告诉你贵宾全在鸟巢坐着，哪能顾一头呢？90位国家元首级的人物在这儿坐着，咱的最高领导人全在这儿坐着，不管现场好不好看，光管电视机（好看不行），两边都得顾，侧重是一样的，只是要平衡这种关系，不能说只是为40亿电视观众看。其实他们还有很多人跟我反映说，电视上看的还没有现场看的好。可见我们是两边都在做兼顾。

张　英　　开幕式的电视转播还是有些遗憾，有些长镜头用了短镜头，完全反了……

张艺谋　　BOB转播公司和NBC转播公司的人一年多来一直跟我开会，我们一个镜头一个镜头跟他们讲。我们前面做的所有彩排都是拍一版出来，大家来看，开会，全是这样。但我认为，你还是不能要求整个团队上百个摄像师都熟，都给点给得那么准,吊机吊得那么准,不能要求他们,我觉得他们已经做得很好了。那好,你交给中央台转,你觉着呢,也不一定能比他们好到哪儿去。他们的技艺都是很娴熟的,设备都是很好的,只是说不能完全做到那种切换的准确。

还有一个方面,广场的人气,没有许多办法在镜头上呈现出来,生理带来的人气磁场呈现不出来,镜头还是冷的。还有一个方面,镜头一做取舍之后,可以把细节放大,这是没有问题的,但是镜头一取舍,就没有一览无余的另外一种美丽了。

我现在在想,希腊那个表演完全是为电视转播做的。我和陈维亚当时在现场看了,冷、沉闷,真的是为转播做的,人也不多,就是搭一些点,而那些点,镜头一拍特好。我们在那边,看头几分钟不知道在干吗,不知道演什么,因为看不清。而且有一点,就是在主席台那里,一两个人做一个细节配合,味道就出来了,它追求的是雕塑般的静态和现代,那是现代编舞,那个人我觉得他做得很好。

我觉得希腊开幕式是我看过最好的,非常有观念,因为是现代舞编导,年纪很轻,把广场艺术做成这样一个风格,那是很有勇气的。但那个真的是拍出来好,现场看到的那种感觉我觉得做得很好，但是我们就不行。

张　英　　转播信号是一家，还是各有各家？

张艺谋　　没有，只有两个转播信号。一个叫 BOB，是国际奥委会认定的近几届奥运会的转播公司，中央台接入它的信号，加上自己的解说，但是不能自己去切什么东西，也没有什么机会；还有一个叫 NBC，美国的，因为美国自个儿够强大，自个儿要了一路，说是为了美国人民，要自己导，所以他们单独一路。就这两家公司。全世界都接收 BOB，美国、北美这一带可能接收的是美国的信号。BOB 大约有 160 台机器，海陆空各个方位都有；NBC 我估计在 60 到 100 台不等，两大转播系统。其他的没有权转播。

张　英　　你看过这两个电视版本吗？

张艺谋　　我都没看，到现在都没看。他们给我录了，我还没顾上看这套版本，我不知道怎么样。你觉得怎么样？

张　英　　我还没看美国版本。中央台播的版本，有些该出的气氛没出，逻辑上推，应该出气氛的没有出那个效果。

张艺谋　　有可能，我听他们说了，可能就是指这个版本。但是导演和这组人跟我开了很多次会，谈得很细，我把要点反复跟他们讲了。我也很理解，对他们来说是完全陌生的东西，眼花缭乱的，确实在现场他们很难做得那么精准，太难了。

张　英　　节目解说词是谁写的？

张艺谋　　我们有媒体手册，可能那天他们转播的时候用的是媒体手册，然后自己再做解说。媒体手册提前几天就发给媒体，里面所有节目的背景介绍都有，在这个基础上人家自己夹叙夹议。比如说56个民族，好，这儿56个民族的背景（介绍）都有，就看你要怎么说了。

张　英　　如果解说词文采能好一些，那真的是锦上添花了。

张艺谋　　那也没办法。其实我们有两个作家，一个刘恒，一个王安忆，都是很好的作家，前期还一直有参与。刘恒参与了几次创意讨论，王安忆也讨论了一两次，都来过。但是最后都来不及，因为文稿都修改来修改去的，最后根本没法是作家说了算，要经过各级包括国际奥委会的审定。因为要发国际媒体，不能咬文嚼字，咬文嚼字（的部分）翻不成法文、英文，就不行，不能用一个概念解释另一个概念，完全不能这样，所以就把这个词转成普通的词，只是语句组织得好一点。法文、英文、中文三个版本,比如说"夸父追日","夸父"是谁要解释半天,根本就没有时间,所以不能用作家的那种词汇,很文学性的完全不适用,没法翻译,没法在最短的时间内交给他们。这些稿子给全世界的播音员,让他们拿着稿子做自己的叙述,是这样的。你说的是中央台叙述的风格,不要太高亢了。

体育,还是文化

张　英　一个争议说法就是,中国文化比较多,体育比较少,但我想,这个情况会不会做创意的时候已经考虑进去了呢?

张艺谋　当然,它当然是体育的盛会,但在这个平台,我自己认为体育点到为止就好,还没开始比赛呢,后面十几天不全都是体育、全都是比赛吗?体育精神全部在后面的十几天体现出来,无须在开幕式里完全向体育靠拢,那就等于丢掉一次机会。对于主办国来说,奥运会是最好的平台,借此向全世界展示自己的文化,这是其一。

其二,体育就算演了,但奥林匹克就是体育精神,已经是了，后面十几天运动员们都要去体现这个精神，赛场上最生动，演能演过赛场上？赛场上一滴泪水可以让全世界动容，赛场上一滴汗水可以让全世界动容，那是真实的体育精神的写照，未来我们都会看到精彩的瞬间，我们开幕式演体育的这些东西，把它图解一下，变成所谓的表演，我觉得是很难的，而且也没必要演那么多，有一点就行。

但其实，这也是后来我们跟很多外国专家一起讨论过的。他们说，这其实是你们展示文化的平台。因为下一个环节就是运动员入场，再下一个就是会旗、点火炬，点火炬就体现体育精神，我觉得已经在上面发挥出来了，就是"更快、更高、更强"的体现，等等，潜移默化进去就可以了。原来谈过，要不要一个章节演体育，我们甚至有一些演体育的招儿还颇为新鲜，后来都舍弃了。

张　英　　什么样的招儿？

张艺谋　　比方说，这个画卷不是长方形吗，我们把画卷变成几根线，构成长方形，突然画卷灭了，变成一个长方形线框，就像星星五环一样。这个长方形线框突然提了起来，在空中竖立，成了一个球场，在空中旋转，然后有很多吊钢丝的运动员发着光，踢足球。本来是俯瞰，这样看是立起来了，有点像 KÀ 秀那个构思。我们觉得那一场其实要是弄好了也挺有意思，挺神的。

还有，这是一个多媒体圈：他们在横过来的线框足球场上踢足球，一个摄像师也是钢丝吊着，拿摄像机追着他们拍，好像是一个记者，这是一种表演。这个摄像师拍的影像又通过信号，让地面的LED反射出来，等于是一个双向交叉的足球比赛，在空中这样踢，地面反映的是平面的，很复杂。总之，我简单叙述的是一个很复杂的多媒体表演的观念，很现代、很奇异。

后来，我们还是放弃了，因为一个是技术难度太大，还有一个大家讨论的是，我们分出去5分钟演一场，不如让真正的足球，中国的女足和美国队，给人们看，如果是演，怎么看也是演。后来就算了，体育含到里面，比如点火，比如最后在地球上歌唱，有一些体育的形象就可以了。外国专家也反对我们专门演一场体育，觉得不必要，说你们会损失5分钟、10分钟，也不是损失，是可惜，这个时间你们本来能把自己的文化中更深厚的东西展示出来。因为全世界的人到这里来，已经是体育盛会了，而文化也是体育的一部分。

张　英　你前面两部申奥宣传片都拿了最佳奖，都是一句话，"奥林匹克和东方艺术完美结合"，因此大家对你的开幕式有所期待。

张艺谋　　我觉得体育表演一个是不好演,一个是比较直接,但我认为最重要的还是要有一个精神,奥林匹克的精神,体育队形或者体育运动形象的表演要更加广阔和多元一点。

张　英　　后来有太极拳,人们以为会有少林拳等别的武术。

张艺谋　　我觉得太极拳是中国武术里面最有代表性的,中国人对它的解释超过了一般的体育竞技或某种拳,好像自然宇宙万物都可以在太极之中,我们的祖先把它哲学化了。所以,要选一个拳术的话,我觉得当然是太极,它的哲学含义更多一点。你选一个像陕西的大洪拳、小洪拳,选一个长拳,选一个醉拳,好像就是拳路了,说法不多。

还有一个,我认为太极今天跟老百姓的关系也很密切。你看早上起来,大家都会打一下太极,也更加普及。我们在太极部分的表演中,已经把它看作现代部分,看作一个哲学、思想层面的东西。我倒觉得,在太极这一部分中,我们直观地表现出了人和大自然的关系,这是一个进步。

因为我跟很多外国人聊过,对他们来说,甭管是太极拳还是其他拳，他们看着都一样，都是中国功夫。就像我们看泰拳一样，都统称泰拳，然后他们就不会有太深的理解。你讲八卦阴阳，他们都不是很清楚。然后，他们只是觉得功夫就是功夫，就是功夫电影的功夫，搏击是古老的搏击技巧，基本停留在这种观念上。当然，中国专家和对中国有兴趣的文化人除外，那些人，全世界大概几十万人就打住了，大部分外国人（认为）功夫就是功夫。

我们所说的太极跟自然的关系，天人合一，从来没有给人直观的印象，所以这次我们就想，无论如何，太极表演也要直观地被看到，好像跟自然有关系。我认为如果老外看了这个表演，觉得中国人的功夫跟大自然有点关系，就行了。让一个16岁或18岁的黑人有了这种印象，以后他都不求甚解都无所谓，这个印象埋下来，就埋下了一个可能性，他就觉得中国的功夫不全是功夫，好像中国人非要说它跟自然有点关系。你看他们演的过程中，一直有这种东西在。

所以，你会注意到我们在太极的表演中运用了自然的声音、自然的影像，甚至孩子们上课也在讲自然、环保。这一切都把大自然的阴晴圆缺、花开花落跟太极放在一起，并行表演，让它们"你中有我，我中有你"，很直观。我认为这次太极表演很直观，可能会让外国人改变一点对于中国功夫的基本观点，就会觉得好像里面有货，那就行了。

节俭办奥运

张　英　　本次开幕式最大的亮点就是科技方面的投入和各种光影的呈现。多哈亚运会应该是最近一次盛会，也用高科技，它对于我们有启发吗？

张艺谋　　多哈对我们的启发并不大，我自己认为多哈的表演是比较传统的表演，而雅典的表演是非常现代的表演（观念）。多哈是比较传统的表演，尽管它竖了一个大的月亮形屏幕，但你看，它在现场是传统的表演。不能说人家不好，我很喜欢它的点火，给我印象最深，王子骑马点火太好了。表演是传统的广场表演，而且我们都知道是哪个团队做的，也就是这些团队接这些活儿。

张　英　　专业公司。

张艺谋　　对，谁做的都知道，这些人都来给我们当顾问了，我们都知道，是一个传统表演。我认为我们的表演不是传统表演，我们跟雅典的表演异曲同工，是整合现代观念的广场表演，所以不是传统表演。不管大家怎么看，说用了多少先进的技术还是什么，其实没有所谓真正先进的技术，全部得是成熟的技术。我刚才说了，如果还是在实验室的技术根本不能用，不可靠。但呈现出来的是一种观念的表演和一种有现代感觉的表演，这很重要。

我们的美术总指挥看了表演之后，给我写了一封信，我觉得他说得非常好。他当时只是提醒我注意技术环节，说雅典的表演把舞台集结的传统性推到了极致，一个是水的放和收，还有一个是吊装起来的解体、回来和再降下去，这是主体的两个东西。他说雅典是把传统集结、舞台集结、美术集结发展到极致的做法。如果那是这个方式的终结，他说北京奥运会的开幕式就要是一个全世界最大的多媒体表演，这是一个新的历史纪元，代表一个新的时代。我觉得这说得很好，我们也是这个想法。

再过二三十年，一个导演在广场上演绎多媒体，比这要棒得多，因为技术发展太快，但我们的观念代表着新世纪的观念，我们现在这个程度，后人会比我们做得好得多，但观念的前瞻性很重要——影像时代、信息时代、多媒体时代。你看手机视频、电脑视频，各种各样，我觉得未来多媒体信息和影像会影响我们的方方面面，在生活中无孔不入。光纤技术、数字技术，我们其实是在开幕式里整合了这些元素。

今天我可以毫不惭愧地说，北京奥运会开幕式是全世界最大的广场多媒体表演，还没有人做过这么大型的，撑死一块大屏幕的影像跟传统表演做一点互动就完了，我们的已经是最复杂的了。

我们（鸟巢）碗边上一个环的影像，是64盏最新的电脑投影灯造出的，那相当于64台电影院高清放映机联合投射，无缝拼接，相当复杂，也是迄今为止世界上第一次这么做。

张　英　这个技术是装饰前已经成功过？

张艺谋　对，这是一个成熟技术，但没有人这样做过。这种高流明的投影灯、多影像的投影机，现在大家都用，是最新的，一出来就有人买。但撑死了在晚会上用两三盏，搭一点东西，跟演员做点配合，演一个节目。在大歌厅里的演唱会，撑死了弄三五盏灯，在后头做一做，再配合LED，热热闹闹完事。还有很多发布会、建筑、城市景观，有一些观念艺术，纪念两千年什么的，用几盏这样的灯，把几个楼打出一个什么型，什么花，什么变化，你看到的都是这些灯。但从来没有把64盏灯连在一起，做这么一个大环幕，一点都不带夸张：这是规模最大的。64盏灯，我们实际上是买不起的，就算是奥运会开幕式我们都买不起，光买这点灯就得几千万、上亿（也许）。最后，我得到国内好几个单位的支持，人家买了，租给我们用。

张　英　全国人民想象这台晚会可能花了无数多的钱，但实际上并没有那么多？

张艺谋　咱的口号就是"节俭办奥运"，4个亿，还没有多哈的开幕式多，钱是一点都不多。我说心里话，有很多都是因为钱，因为"节俭办奥运"，所以不能实现，舍了很多。我们第一轮的方案，结论就是嫌我们的预算太高了。

比如说我们铺设的地面大屏幕，现在全部是国产的，在大家看表演之前三小时还在那里修，如果都是进口的，价格翻好几番，掏不起这些钱。光是铺LED，如果都是外国进口的，得几个亿，往地下整，你能那么花吗，哪有那么多预算？所以国产化在这方面不是最新技术，但我们营造出来，特别像最先进的。

我跟你说最简单的一个例子，你看过很多大屏幕的表演，歌星的演唱会，很多很多，在中央台也做。你看那些屏幕，推上去全部都是颗粒点对不对，那是最正常的。颗粒最细也是最贵的，一平方米多少点，最贵是最优质的，点再细推上去还是点，那个点就产生一种廉价感，好像没有美感，就是一个大屏幕。咱们说的"大电视"都是颗粒型的，我们这次就把这个问题解决了。其实我们的颗粒一点都不密，因为密的贵，我们没有那个钱，我们是节俭办的，所以我们的颗粒其实是挺稀的，比中央电视台春节晚会后面的大屏幕稀多了。

张　英　怎么解决的？

张艺谋　说起来就话长了，这就是我自己力主要解决的问题。从一开始跟厂家谈所有东西，我一定要解决，解决以后什么样呢？实际上要做一个雾化效果，要让它的影像呈现边缘的模糊性，还要消灭颗粒的点，让镜头拍的时候，呈现出雾化的平面感，不是颗粒的点状，这样会有一种美学的品位，不是追求它的清晰度怎么样，因为那么大的广场，是要它像一幅画，中国古代画的渲染，就是需要那种效果，恰恰是用这样的美学观点去做的。所以，这些厂家专门给我们生产我们要的东西，加了特制的东西，其实也很节俭，不贵。但是，你看我们那个屏幕，就好像没有那么廉价,挺有品位的,其实花的钱很少,根本没有中央台的那个大屏幕好。

张 英　选择影像实际上是不便于带颗粒的。

张艺谋　第一,首先解决这个本身的问题,从工厂生产就开始解决这个颗粒点;第二,在电脑上选择制作什么样的影像;第三,影像本身的风格要匹配。总之,这就是很详细的,过程耗时一年多,因为光工厂生产这个东西,做试验没有八个月、十个月做不出来。设定了之后,必须想好选什么样的影像,当影像进入电脑制作的时候,因为所有影像要做成文件,不是放电影,做成文件以后再放进去。所以在影像制作的时候一定要想好,要什么样的影像,要什么样的风格,做成什么样的跟这个匹配。

说心里话,必须去了解这些东西,还好我是拍电影的,这就是我的优势。所以,我们的大屏幕、影像一点都没有花冤枉钱,我觉得这是比较得意的,我们的影像是很有美学品位的,你不觉得像一个大电视,这是很重要的。要不然花再多的钱,人家觉得是一个大电视就廉价了。因为这种影像,花钱能花过美国大片吗?它就廉价了。这也是挺重要的:选择风格,注重技术和风格的配合,这就算"节俭办奥运"做得最成功的一件事情,我们花的钱很少，不多。

张　英　　这实际上是一个技术和艺术并行的问题。

张艺谋　　对，但是你知道，这是一年多以前就开始的，开弓没有回头箭，工厂八个月全部生产出来，影像全部做出来了以后，味儿不对，不行，得改，对不起，不可能了，改影像没有三个月，电脑都生成不出来。所以，它完全就是想好了，就成这样了，最后必须接受这个，我觉得也是第一次做这样的尝试。为此，我们看了许多大屏幕表演，包括最近的多哈，我觉得他们都是大电视，看的就是电视影像。我们专门到拉斯维加斯看席琳·迪翁的演唱会，后面立的大屏幕的一些互动；看许多许多大歌星的演唱会，很多大屏幕。我告诉你，全叫"大屏幕"，再细的颗粒也是大屏幕，我们这次就是不想让人感觉像大屏幕。

张　英　　资金的限制会导致很多创作奇想不能实现？

张艺谋　　当然，有很多是不能实现的，光有理念肯定不行。我觉得做大型活动，最大的问题就在这里，它的可实施性有时候比理念还值钱。你找任何人来做，他说奥运会应该怎么演，想法多了，比美国人还要奇思妙想，反正就在这里侃，但不可实施，一点价值都没有。

曲折的创意过程

张　英　开幕式里有多少创意是张艺谋个人的?

张艺谋　因为在我这个位置上,我还是不想谈我个人有什么样的创意,怎么贯彻,因为我还是强调团队。实际上,所有的创意都是经过无数次的整合,没有一个创意是拿来就用的,没有一个创意是无懈可击的,都要整合。首先要进行理念整合,符不符合整个要表达的东西,其次是可操作性,再次是视觉效果。有很多理念是视觉效果不好,想得挺好的,说心里话,我就属于实战型的导演。别人跟我讲任何创意,我在脑子中呈现的画面是实施之后的感觉。

张　英　看得见、摸得着的。

张艺谋　特别实在的一个形象、感觉,我就在想着,所以你跟我说这个创意的时候天花乱坠,我脑子中一想,根本做不到。好,就算做到了,我一想,因为做到之后的样子是5个机械杆,18根钢丝,还有一个大水泥墩子,那么一个形象,我觉得不可靠,没有美感,没有魅力,征服不了人。因为形象、视觉上没有美感，理念就一点也不值钱。理念是什么？理念一定是在现场的视觉，一定要首先产生美感。外国传媒问我的时候我也这么说，我说我们是在介绍自己的文化，但对你们来说看不懂没关系，今天晚上你是不是看到了美，你看到了某种梦幻般的美，就行了，这是可以统一所有人类的一个认识点。很多很多创意不能建立在现场的美感上，根本就没有价值。还有就是，有的时候想的和操作出来的完全是两回事。如果从创意来讲，这些方面我们每个人都不知道打了多少个滚儿。

张　英　实战经验，放弃创新。创意已经很难顾及每一个人的意见，后来彩排的时候取消了秦腔部分，那是出于什么考虑？

张艺谋　最准确的说法，我觉得应该是《长城明月》这一段表演没有征服所有人，也没有征服我自己，尽管是我自己选择的一种秦腔的曲牌（曲调）。我们内部也有不同看法，觉得不是表演者不努力，什么都做得很好，但是当呈现在你跟前的时候，打了很多折扣，之后就觉得不是很好，所以最后领导也提意见。因为没有征服大家，大家就说东说西的，对它的意见最多，对它的意见最尖锐，后来我就想干脆拿掉了。

张　英　　那一章节有多长？

张艺谋　　那一章节有六七分钟，干脆拿掉了。拿掉之后，从人情的角度考虑，这些表演者都训练一年了，不能让人家打道回府，那很遗憾，所以就把所有的演员都留用了。留用就要组织一个节目，然后就组织了一个小戏台，那个小戏台原来是秦腔的一个点缀，把它留用，大家做一个简短的三分钟演出。

其实我把那一段看作一个过场，因为把章节拿掉之后没有转场了，我们需要三分钟来做转场，所以做了一个简短的过场，短一点，野心也小一点，大家还不反感。

原来那场野心大，也长，也隆重和正式，但缺点就不好去弥补。最重要的是没有征服人，因为不能拿嘴说，"我认为这个好，我就认为这个好"。我这次不坚持这样的角度，我们团队有很多人是坚持这样的，说"我就认为这个好"。我就在想，当表演者面对所有人的时候，我们不能去（拿嘴）说服别人，我们不能开一个研讨会再分析，当有超过一半人说觉得不好，你就要考虑了。就不能说"我认为好"，那帮人还是不听你的，那就说明还是有一些问题在这里。那时候时间已经很紧了，怎么办？拿掉。就压缩了这一部分。

张　英　没有了这个节目，怎么来增加时间呢？

张艺谋　时间很紧，大概只有两周时间就 8 月 8 日了，最后临时改那个小戏台，那些表演只训练了十天左右，那是最短的开演时间。

张　英　一出戏变成一折戏了。这也导致开幕式一直是在一个开放式的、不确定的状况之中，甚至不知道演出前还会有什么调整？

张艺谋　对。

张　英　我们大家关注开幕式可能谈得比较多的是文艺演出的部分，但实际上除了演出，时间上更大的是其他部分。

张艺谋　是仪式，首先是入场式。

张　英　仪式，比如女孩子们欢迎的形式，是最初就找到了，还是逐渐找到的？

张艺谋　仪式始终是我们的重点，我知道国人最关心这一个小时的演出，实际上不到一小时，53、54 分钟，国人最关心这个。我们都知道整个三个半小时最主要的东西，像运动员入场式，像会旗，像放飞和平鸽，像点火，这些都是最主要的。所以，我们实际上一直不敢松懈这一部分，这一部分也要有一些设计，我觉得，这次设计比较好的就是我说的全世界最大的行为艺术，我觉得那是特别有意思的。

我们看了前28届的资料，表演就是表演，运动员入场式就是入场式，表演中的一个小细节拿到这儿来晃两圈，那就不得了了，基本上各是各的。所谓的连带关系是某种导演主观性、理念性的联系，从来没有视觉化，从来没有延续性。我们做的这个，我觉得是开天辟地头一次。因为运动员入场式是神圣不可侵犯的，不可以给他任何一个（东西），哪怕一个小袋子系到身上都不可以，不能干扰他，不能给他做额外的要求。而且204个国家有多少翻译，要跟别人说，让人家做一件事情，这都是不可能的，他不能当你的工具，他不能当你任何表演的承载者或者导演理念的承载者，不行，那时候他是最伟大的。所以入场式是时间最长的，在欧美收视率是最高的，文艺表演就一边去，别干扰它。所以，怎样让视觉化表现出共同的创造，就想到踩脚印。

张　英　很早就想到了吗？

张艺谋　很早就想到了。这个其实可以透露，我想的原始创意，是运动员走过红色的跑道上白色的跑道线，这个跑道是假跑道，是一张纸，运动员走过，我们放一个染料垫，把脚印留下。留下之后，把这一截砖红色的跑道接起来，是一片纸，因为跑道不长，11米宽。然后拿这一片纸去搭一个讲台，让罗格讲话，作为奥林匹克讲台。当时大家都觉得太有意思了，打算在跑道上实施，在主席台前。后来整合到最后，才有了一个质的飞跃。当时只是运动员走过以后，拿它搭一个讲台，觉得特别神，然后罗格讲话，后头是背景，他不站上去。

张　英　　背景板。

张艺谋　　做背景板，说这太有意思，这一段跑道两三米，一段就行了。整合到最后，我觉得有了质的飞跃，用四大发明的这张纸，用表演和运动员的脚印共同描绘我们的家园，像儿童画一样，特单纯。到了这时候，我觉得想法就整合到了一个高度，我们做了一个前面都没有做的事情，大家共同参与。

运动员是被动地、不自知地参与的，但是对运动员也没有任何干扰，染料都是环保的。前面有一个擦鞋垫，后面有一个清洁垫，他踩过那张纸，后面还走过一段清洁地毯，一点儿事没有，你看没有任何运动员抗议，没有任何事儿，自然发生。他是不自觉参与，我们是主动参与，然后我们在历史部分，在古代那幅画的黑白，山川日月，还有现代部分，孩子们在太极部分把它染成绿色，染成彩色，运动员最后踩出斑斓的大地，像彩虹一样，我觉得是全世界最伟大的一个作品。

因为没有任何行为艺术家能让全世界超过 200 个国家的人来配合你，你出多少钱（也不行），而且是这些人类精英来做这件事情。我们第一次看这个彩排，线都是描好了，一开始运动员来的时候，因为他们要踩着斜的地平线，我们要把纸放歪一点，引导员站的位子要顺着这个位置，练了很多次，就怕踩偏了。试染料，试深浅，我们曾经真的让一万多个演员踩了一次，一定得看一下。踩出来万一乱七八糟怎么办，结果踩到一半天上下中雨，就彻底"流产"了，再没有机会也没有能力组织一万多人踩，变成一个未知数。所以，8月8日那天是我们（第一次）看到，你不知道最后踩成了以后，所有人都在那里兴奋：哎哟，导演，真好看，从上面俯拍看一下，真漂亮。哎哟，想不到踩成这个样子，真漂亮。

因为我们原来打算赤橙黄绿青蓝紫，混着踩，踩一踩，把染色垫换一下，把红的换过去，蓝的换过来。我们有一个美术专门在底下盯着，穿着灰色的工作服，一直这么看：

要不要换，要不要调。后来我就觉得，那很像彩虹，就说不要换了，就让它一道一道的，踩出来很漂亮。但像这样的行为只此一例，我相信以后没有办法重复了。

因为它非常简单，但也非常容易复制，只要这个想法让人知道了就容易复制，所以这个想法一年多以前就有了，踩一段跑道，接着回来整合。我们那个时候最怕的就是穿帮，最怕的就是我们团队中万一谁不小心说了，在任何一个大型活动中就全部可以复制，哪怕只有10个国家的运动员也可以复制，太容易了，前面一个染料一踩，地上一个，我把它挂起来当一个旗，也是很伟大的，当一个讲台也是很伟大的，当个什么都是伟大的，是不是？可大可小，可长可短，这个一用就完蛋了，就成剩饭了。所以我们那个时候特别小心，关注所有的活动和运动会，世界杯，包括上海特奥会，关注所有这些，看是不是被人家先用了。只能用一次。而且以后谁都没法用了，我觉得以后你要想调动运动员去做这个事，几乎是不可能的，所以国际奥委会就很喜欢我们这个。但正好这个创意跟老蔡那个焰火脚印异曲同工，就合上了。还有跟中国的写意山水画等所有东西，把它们整合到了这个程度。有一度我们的标题不叫"美丽的奥林匹克"，叫"我们一起走"，就是指的这个。"我们一起走"的主题其实不是指文艺表演，是指文艺表演后续的入场式，运动员的参与，"我们一起走"。

我认为，这个创意是前所未有的。

还有一个创意，我认为是点火，后面跟进全部的全球传递，我们看了前若干届，全球传递就永远是全球传递，点火就是点火，永远是两档事。撑死了就是把全球传递编一个纪录片，或是煽情一点，或是美一点，或者怎么样，前面不断地放，放几场，在电视台滚动多少次就完事了，那个结束，下来就是点火。我们是第一次让点火后面长画卷打开就是全球传递，固然是记录的影像，因为那个影像不是我们的，是火炬组拍下来给我们的，我们没有什么选择，他们一路拍下来就给我们。那是一些很纪录片的影像，但它是一种精神，李宁在上面，我们说它"夸父追日""嫦娥奔月"都可以，他在上面，实际上后面是人类，是不是可以看作是人类？因为只有奥运会才做这样的行为，使圣火在全世界传递，它就是人类。

所以，我就觉得那时候是人类的"夸父"，如果是这样的话，这是非常直观的，根本不让你解释，没有抽象性联想，谁看都懂，这是人类的圣火在最后点燃，绝对不能光想到民族或民族文化的象征符号。尤其我认为，在运动员看起来这是最美的。为什么？任何人都不是360度看，只有场地中的运动员看到的是360度，他们就这样站着。我不知道，我没有问过运动员，（但）我相信他们的感受更美妙，他们可以看到他们认识的人，他们可以看到他们的国家在传递，都有名字。所以我觉得，他们看到360度在头顶点燃，那时候是很美好的。我觉得那个时候的象征性和艺术性等，都超越了民族文化符号本身，5岁、8岁（的孩子）都可以看懂，第一次直感地把全球传递跟点火全部放在一起，在一个时间段完成，我们是这样设计的。

当然，后来转播的时候不一定拍得那么清楚，你看全球传递是这样：8月6日的影像是北京，然后李宁走到这里，画卷卷上去，一直到8月6日的影像，8月7日是在南极，然后影像转上去成为火炬，就是画轴卷，这是一个火炬的理念。然后，李宁停下来，北京跟雅典接在一起，全世界首尾相接，出发点和到达点接在一起，全世界是一个圆，一个不分你我的圆，然后影像全部定格，好像全世界现在都停下来，看此时此刻，然后李宁点（火）。我们这个设计，我觉得是非常有意思的，也是以后很难超越的，使整个理念的实现通俗易懂，直观上很难超越。把传递火炬真正融入最后一棒，李宁是最后一棒，从女祭司这儿点过来，他转了半个地球，真正在视觉上呈现出来。

我觉得以上两个事情都是奥林匹克历史上的第一次，意义远远大于文艺表演，大于一个国家展示自己文化的目的。我觉得这其实展示了我们中国人、中国文化，不是那个直接的符号，就是这种世界观，这才是中国文化里我们真正宽广、博大的内涵。

"我们是一家人"

张　英　在开幕式里，你一以贯之的意识形态和文化内涵是什么呢？比如太极拳讲的是"天人合一"，包括后来出现的"和"字，一直到后面。

张艺谋　不能说有一个具体的、单一的指向，只是某种呈现。比如说，我们文化代表的呈现，要说起来当然"文明和谐"是一个大的主题，所谓"天人合一"是一个大的哲学理念，这些表现的具体呈现只要在它的单元上完成单元任务就可以了。因为这种广场表演要的东西，实际上很难戏剧性和情节性地做在一起，那样太刻意了，我们是松散地放在一起，不去刻意地做一个情节链条，原来讨论过情节链条，讨论过戏剧链条，讨论过一个所谓首尾呼应链条。这种链条比较刻意，束缚了手脚，还会使方向单一化。当情节性、戏剧性做一个方向的时候就单一化了。就只向一个方向，不能完成刚才这两点给我们带来的包容感，巨大的包容感，就是我说的中国文化真正的性质是这样一个大的包容感，"天地人"这样一个包容感。这样我们在表演上采取了点的表演，不刻意要说明什么，演下来说上一句是什么，下一句是什么，不要那么对仗，大体有一个风格的统一。比如说，我们追求现代感、视觉性，追求浪漫感、梦幻感，这个是总体风格，然后各是各的东西，不把这个东西上和下直接搭起来练。其实如果直接搭起来练，通常像晚会，你知道晚会节目都是这样的。晚会节目有一个主题，要把它连成一个主题，最后主持人再一点破，再一朗诵，但恰巧不行，不能那样做。我认为文艺表演完了，完成那一幅画，这是很直观的，一个接近我们共同家园的主题。

你看那幅画，也许会想到最后表演地球的歌唱，会想到主题歌，甚至想到第一场表演的国画，随便去想都有联系，到今天，你想到四大发明都可能，我觉得是一个更加有弹性的连接方法。

张　英　这方面的挑战大吗？

张艺谋　这所谓"形散意不散"，挑战很大。

张　英　每个国家办奥运会的时候都要弘扬某些价值观，你的呢？

张艺谋　　如果讲到所谓的价值观，我认为我们是第二计划，我们对于我们的文化并没有做总结和概括，我觉得我们没有能力把古人这么多东西总结成一句话说出来，我们大概用的是你看我们有什么，我们曾经有过的，没有做总结，我认为我们的第二计划做了总结，最后的行为、最后所有的东西（给）总结了，主题就是"我和你"，这是我们的看法，就像主题歌一样，最平实的一句话，实际上就是告诉你"我们是一家人"，可以讲"和谐"。

张　英　　在主题歌上是不是碰到了空前的困难？全球征集，最后用的是音乐总监自己的作品？

张艺谋　　应该没有，主题歌没有什么困难。这是我的优点，我从来对事不对人，好就是好，因为在这样的位置上，在这样重要的工作上，绝对不能有任何额外的考虑。

　　　　　所以征歌我们征集了四年，几万首歌曲，拿到了几十几百首反复听，我们一直不太满意，我也不知道怎么面对。我们还不死心，继续发动群众，征歌还没有结束。这个时候，我们听到了这首歌，它原本不是当主题歌写的，但特别响亮。词儿我就觉得非常好，我当时还说，我们的主题就《我和你》，不要《我们一起走》了。

我就觉得所谓喜欢，除了歌曲本身跟传统的《手拉手》的风格不同、新鲜之外，它唤起了内心深处的共鸣，你会觉得跟今天晚上所要表达的东西特别一致、亲和，比较简洁、直接，不绕弯子，不大说，把事儿小着说，平和着说，像一种低吟浅唱，我听那个小样，比现在这个低吟浅唱还厉害，因为是一个小样，找了一个业余的孩子低吟浅唱，也没有什么伴奏，现场清唱，特别感动。真的像一个邻家的小伙子或邻家的女孩在你家窗台上给你哼这个歌一样。你会觉得突然被拉近了距离，我觉得特别需要这个，因为我当时就觉得：哎呀，跟所有的味儿都不太一样。

我们团队中的所有人第一遍听，全是这个感觉，这就是主题歌了。然后赶紧说，这个歌也要参加征歌的整个流程，进入程序，不要在体制之外，（但创作者）有顾虑。第一，他写的不是主题歌；第二，他作为音乐总监，怎么选成他的歌？将来别人会说。我就说，你不要想这个事情，好就是好，然后我们为了验证，给领导听，领导也说好。所以我觉得有一些点是一致的，他也觉得这个歌很亲和，而且很让人觉得有一种心灵的感受，举重若轻。

张　英　这个歌确定下来（时间）很短，演唱好像也很仓促？

张艺谋 很短。演唱当然很仓促，演唱是最后临时找了这两位歌手，剩两三周才找，前面一直是有野心要推新人，而且还有一个想法是新人不要穿演出的服装，穿志愿者的服装，就像普通大街上的志愿者站在那里，我就觉得在形象上要走出去，拉近距离。因为任何华美的演唱服大家都见过了，中国是看晚会最多的国家，看歌手的演出服是全世界最多的，（重点）不是服装的问题。我希望他们像大街上的两个志愿者，一男一女两个年轻的学生在演唱这个歌。这个想法听起来很大胆。

最后怎么又变了呢？这个想法坚持到最后，大家又都觉得高潮不够，这个观念也算一个影响，因为没有高潮，没有腕儿。还有一个，既然是《我和你》，应该是一个外国人和一个中国人，也更直观一点，各方面（考虑下来），最后还是算了。就临时叫人，既然请一个外国的大腕儿，当然要配一个中国的腕儿，就想男的就是刘欢吧，也是实力派，大家也没有什么话，就临时这样做。这样我来跟他们商量，他们俩都觉得不太适合穿志愿者服装，因为年龄、体型各方面，后来就说你们自己选择自己的服装，放松一点。所以，莎拉·布莱曼说白裙子很好，就穿这个吧。刘欢说，他一贯穿黑的。我说没关系，穿，你自己选择，总之我们要亲和，不要华美。

张　英　　所以特技让莎拉·布莱曼飞都没有用上。

张艺谋　　对,差不多就是这样。原来的想法其实在观念上是很好的,但确实带来一点问题,什么呢?两位新人穿上志愿者衣服,我们试了好几次,排练的时候所有人把他俩当替身,但他俩是正(角儿),所有人都不知道,差不多十几万人都把他俩当替身,不知道是正角儿。

所以大家最后都说,后面没有高潮,后来我一想,好像中国人到了收尾了是有这种(期待)。我就突然很紧张,大家都认为是替身,不认为这两个年轻人穿这样的衣服站在上面(是正角儿),大家都没感觉,没有人拍案叫绝。没有人说:哎哟,艺谋,你这样子就最好了。没有人这样说,大家都觉得非常不正式,我觉得这可能有问题,想了半天怎么办。后来,张主席建议说,咱们还是找外国大腕儿,还是手拉手在一起,《我和你》。我想了想,觉得有道理。我跟陈其钢也交换了意见,陈其钢一开始也认为,我们的初衷还是很好的,我说是很好,就讲道理,后来他也想通了。我觉得这就不要坚持导演的理念,入乡随俗吧。我说,所有人看到最后要高潮,能帮助达到高潮的所有东西都应该拿来用,也不要再怎么了。这首歌一唱,歌本身就是最重要的。我们原来要的歌手的象征、服装的象征等,也问题不大,后来想算了,最后放弃了。一直到带几

229

万观众彩排都是这两位新人，这两个新人都筛选了很长时间。两位新人我们也不好意思让他们俩下，就在闭幕式上用了一下。

张　英　　这两个新人是大家的确不知道的吗？怎么发现的呢？

张艺谋　　的确不知道，也没有参加所谓"快男超女"，都没有参加过。在学校大学生里选的，都是音乐学院的学生，唱得不错也很干净的年轻人，大二、大三的学生，穿上志愿者衣服，真像两个大街上的志愿者。其实观念是很不错的，也很大胆，（之前）没有过，历届奥运会没有过穿着志愿者衣服上去唱歌的，雅典奥运会表演的衣服多华丽，多有现代设计感，（往届）都是很有设计感的。

张　英　　开幕式的音乐部分，现在主题歌成为大家争议的一个点，音乐的其他部分，你个人感觉怎么样？

张艺谋　　是一个复杂的工程，所以我觉得所有人都尽了最大的努力，我自己当然认为是很好地完成了任务。如果要实打实地说，我不认为能让所有人叫好，音乐是很难让所有人满意的，但我觉得陈其钢是一个很努力工作的人，是一个很坚持艺术品位的人，所以我那时候非常相信他，只要他认可我就认可。当然，我们提了很多意见，都关于符合广场表演所要求的那种独特节奏，我说让他们修改，但是他认为要找哪个作曲家，就找哪个作曲家，他发动了所有的作曲家，有一稿十几个作曲家都写过，都对不住人家，人家写了之后都不用了，所以是很难的。

张　英　　我指的不仅仅是主题歌，是整场的。

张艺谋　　是，我说的也是整场，没说主题歌，都是很难的。因为本身这种结构是分段式的，五分钟一段、五分钟一段，这样分段。而且演的东西一隔就是三千年、两千年，怎么把音乐做成统一的？很难。每一段表演有每一段表演的独特要求，因为每段表演在表演的野心上很大，所以音乐就必须为它服务，更不能把音乐串成一个完整的东西了。串成一个完整的东西，音乐完整了，表演却搭不上。说服陈其钢在音乐上妥协、为表演服务已经很困难，他已经在咬牙做这个事情。所以我觉得音乐就是一段一段的，没办法，只是为了那个表演（服务），很难把它变成整体。

张　英　　结构性的，的确没有哪段音乐是给人印象很深刻的。

张艺谋　　有一段，我觉得吟诵那一段不错。

张　英　　那一段是最初就想到用那个声音效果吗？

张艺谋　对，我跟你讲，有一个最大的人声——你也跟陈其钢聊过，他也很感兴趣——全部用人声，从头到尾，全部是人声，我说我们就是要把中国吟诵发挥到极致，全部是人声，各种人声，但也是贯彻不下去。理念也挺好，往下一贯彻挺难的，不入耳，也很怪，后来就放弃了，只留了这一段吟诵。这一段吟诵的腔调挺难找，郭文景写的，找得很费劲，最后是把所有京剧院的黑头全叫过来，在那里弄这个腔调。

张　英　配的？

张艺谋　就是把它做成一个音乐性的、像 rap 一样的东西，有很多想法。原来有的想法，是这一段音乐，这边是孔子的吟诵，那边是一个摇滚，黑人 rap，"啪啦啪啦啪啦"，加黑人明星在那里。我们这里三千弟子，那里就是俩黑哥儿们用最时髦的饶舌，这个也挺猛的。原来是这样的音乐处理，后来也算了，各种原因。确实，现在看这个表演，如果有一个饶舌的话，就有一点怪、刻意，后来就算了。

我们原来还有一个想法特别有意思，"同一个世界，同一个梦想"，现代的饶舌跟《论语》对话，理念很好。后来一些外国朋友挺反对的，他们觉得我们是来北京看你们的，你们非要把我们的饶舌搁在那儿，就觉得好像这种混搭不见得能带来一些效果，我们也变得很谨慎。原来打算全部混搭，野心多大，都是在天上飞的想法，每一段音乐都混搭，全是中西对话、混搭。后来也是实行不下去，想法很好，但技术上各方面真正的效果可能需要相当长时间的试验，挺麻烦的。

还有一个，混搭的老外需要八组人，八组人都得是腕儿，请这些人来，档期等各方面都没有办法配合，也无法做那么多次排练，更无法接受你反复的修改，都不可行，算了。随便一说就有很多这样海阔天空的想法，怎样出奇制胜，怎样新。

原来音乐全面混搭的想法是挺有意思的，全部用人声混搭。后来我们找哲学依据，一个是"同一个世界，同一个梦想"，一个是不分你我、不分古今，全是人声在歌唱，这样的理念都挺棒，说起来都很激动。有时候为一个理念激动好几天，但也有的时候睡一觉就变了。所以我经常第二天到工作室以后，所有人跟我说：导演，你变了没变？因为我常常睡了一觉，第二天说这个不行，有的时候，所有人还在激动，我就推翻了。所以，我被问最多的一句话就是：导演，还变吗？我说不变了，有时候斩钉截铁地说不变了，这个想法太好了，怎么可能变，这一变总体什么……我自己都振振有词。过三天，又要变，还得变，经

233

常这样。

张　英　现在跟最终版本完全没关系，但是这种创意的过程，除了影像，还有其他形态的记录吗？

张艺谋　没有，影像全过程记录，大概拍了多少带子我不知道，拍了两三年，除了上厕所，除了个人隐私不拍，一直跟着拍，到哪儿都拍，两三台机器拍。

张　英　最后完成多少？

张艺谋　不知道，反正那时候大伙儿都觉得，记下来就记下来。很多原始想法初期都记下来了，包括火炬台，初期在美国的时候，拿一个纸在那儿卷。我们那时候特得意，得意什么呢？就是长卷画原来是一个跑道，运动员在跑道上飞，跑道14米宽，500米长，非常像地上的跑道，横向地立起来，当时就觉得这是空中跑道。如果这个碗边是空中跑道，跑道的一端翘起来就是火炬，真的把它翘起来，我们都做了设计图，准备施工，让科学家计算，翘起来的火炬是全世界最大的火炬。

那时候我们在纽约拿纸一窝，自己觉得特得意：哎哟，这个火炬，很简单，跑道的一端抬起来就是火炬，扁的火炬，火苗也是扁的，一截燃烧的跑道。但是500米造型延长过来，原来要把碗边刷成砖红色，上面标上跑道线，这都是很大的计划，一点点地，最后都"流产"了。但那是现在长卷画卷起来的雏形，我们当时想长卷画卷起来成为火炬台的时候，还没有手持火炬，就是一个长卷画卷起来的火炬，很美，很空灵。后来，手持火炬发表了，也是一个直卷轴，怎么大家都想一块儿了，觉得这也好，也是一套的。

那个跑道就行不通，想得倒好，把整个碗边刷成砖红色，跑道色，国际奥委会不答应，说会反射阳光到场地，影响运动员比赛。你想（这是）最简单的事，不能用红颜色，那么大的反射墙。一想做不了，特别简单的理解就是不能完全为艺术服务，首先为比赛服务。

任何想法一到人家比赛那里，一到运动员那里，若对运动员来说会不妥，马上就放弃了，包括我们说的火。火炬台不能在运动员头顶，因为没有任何人会保证这个火炬台不发生倾斜，都是燃气。还有传递的火炬，不可以在运动员头顶，不能飞来飞去，谁也不能保证它不掉下来，这就是要"以人为本"，运动员是最重要的客人，应该说是主人，所以任何导演的理念和创意都不能对运动员造成一点影响，（否则）都不会获得批准，这就是为什么手持火炬传递,"夸父追日"只能在边上跑,正好运动员就在中间,很多这样的细节。

砖红色的跑道曾经让我们激动了小半年,我们都做了一个最简单的,纸一翘起来,很好的一个弯。我们画了一组图,很漂亮,然后交给院长他们去做技术攻关,14米,按比例翘起来,20多米高,风阻就垮了,一大堵墙一片翘起来,图看起来没有事,14米宽,20多米高,有风阻,能不能拉住它,还要在过程中翘起来,工程(人员)一听就觉得不行。他们做过测试根本不行,风阻太大了,拉不住。你想主火炬台都不能出意外,还有这边全是杠杆拉着也不好看,还有扁的火炬也是一个问题,火苗是什么样呢,想一想,也觉得含糊。反正各种原因,这个后来就放弃了,但是它的初衷就是利用整个建筑构成一个火炬,让巨龙的身子跟它成为一体,这个理念一直留下来了。

所以,现在这个卷过来,有一种身体的感觉。当时,我们的火炬台一起点上火炬。我白天还没进去看过,不知道白天怎么样,应该也不错。很多这样的东西,反复修正。

不可能完成的任务

张　英　　你们这次能调动支援的权力规格达到什么样的程度?

张艺谋　　也就是组织这个团队,也没有什么,不要认为我们好像可以呼风唤雨,根本不是这样的,还是按照规矩做,并不是要什么有什么,不可能的。首先不可以突破预算,不会给你追加预算,因为国家说话是算话的。

张　英　　这个预算是公布了的吗?

张艺谋　　对,我们自己都知道,不能突破预算,因为国家既然说了"节俭办奥运",那就不是一句空话。好,假定给你5个亿的预算,必须在这个预算内完成,不能说,领导我这里不够了,因为我这个想法太好了,你再给我加2个亿,不可能。你跟谁说?必须告诉最高领导,党中央、国务院,那是不可能的,首先预算的上限不能突破。

其次,不是说在全国各地叫谁谁就来,无偿给你服务,不是这样的,都是按照市场、按照经济规律办事。你叫一个人来，让人家给你做什么，当然要付路费、管吃住，人家工作了三个月，要有薪水，制作出来以后要付酬劳，都是这样的，很贵的。

举一个最简单的例子：一万个演员，一天来这里排练，一人一百块钱不多，几瓶水，一份盒饭，再吃个冷饮，一百块钱一点不多，一天一万人是一百万，这就是训练。我们一想，很多东西不容易，也不是说国家所有的资源任你调配，不是的。我们都是在一个正常的经济规律里面办事，有时候很多困难都是外面不了解的，外面都认为我们是呼风唤雨。你就想吧，想到的都替你安排，要谁谁来，要谁怎么干怎么干，不可能这样子。举国之力，是一种心情，实际上要按照正常的制作规律和经济规律办事情，一样的。

我觉得在制作方面跟我们做任何大型活动、做一部电影是完全一样的，甚至比做电影和大型活动还要复杂一点，因为所有的钱要经过国家审计署审核。比如我们拍电影，说心里话，你是制片主任，我是导演，我说明儿不行，你得买五个机器，我要拍戏用，明天上午要用，连夜去买就完了，买回来赶紧现场用。我们这里哪行？首先要写报告，要经过采购小组招投标，符合一系列国家审计严格的规定。所以，恐怕这个机器得三周以后才能看见，明天早上是看不见的。所以一定要提前想好。我一开始很不适应，拍电影的时候很快，明天拿一个碗，马上拿来。拿十个碗，我选一个，不耽误工作，我们都叫不耽误现场，说要就来了，拍电影比这个快。这次不是的，一定是严格按照国家的经济管理体制，大家都知道，任何事情必须从第一步就要写出报告来，然后一级级审批。国家审计在我们这里有一个办公室，完全按照它的流程做。大型一点的项目都要通过三家以上单位的招投标。

不是说你能做这个，就交给你做吧。说我是导演，我跟张英合作十几年了，不是总导演一说就交给你，是三家以上招投标，严格审查，最后还不一定是张英做，最后可能张英落标了。我在这里着急，我说就他做得好，（但其实）根本就不知道他能不能做好，那不管，要按规律办事，最后选定。所以经常有这样的（情况）：做的东西不如张英，我就开始骂人了，经常有这样的。但是，还是要按照这个（程序）做。

所以，我这回也真的体会到国家制度的管理完全不是外面想的呼风唤雨和随心所欲，反倒是很严谨，反倒制约比拍电影、搞话剧多多了。（后者）纯粹是商业，老板把钱一打你就用；这次完全不是这样的。实际上完全不是外界想的那么回事，所以我们要克服自己心理上的很多困难，我们都很不适应。一开始，其他的都没想，制作的时候连我都是这种想法：要谁就谁来，中国这么大，随便（找人），但根本不是的。我们都很实际，预估时间流程，真正需要的事先做试验，一定要先做试验，什么东西都先做试验。

拍电影可不是，拍电影说明天要下雨，"哗啦"，五辆消防车就来了，来了以后，睡一觉起来，导演想法变了，说今天不下雨，算了吧。"哗啦"又回去了，费用不管。在这里不行，我作为总导演，单子就来了，要签字，（说明）今天为什么没有用这个，损失的这个钱要签字，各级签字，因为今天五辆消防车空跑一趟，要对国家审计做出交代。什么原因，为什么让它空跑一趟，是多少钱——哪儿有拍电影自由，没有拍电影自由。

张　英　所以说不管什么方面，你都是"戴着镣铐在跳舞"。

张艺谋　主题按计划来，不再像我们拍电影一样，完全从商业角度考虑。它还是（受制）于各方面的制度规律，"节俭办奥运，廉洁办奥运"，这是党中央的两句口号。

张　英　西方人、外国人，这种误解比我们还更大？

| 张艺谋 | 更大,每一个来的人都很惊讶。我们不是随时会有新的人来吗?你问程小东,程小东刚来的时候特别不适应,什么事都找我,他就很不适应,他就觉得之前也是呼风唤雨,来了以后,结果一个威亚绳还是什么威亚衣的购买,在广州还是香港买,就那一点钱(大概几万块钱),批不下来。他就叫,很不适应,觉得大出意外,觉得这在剧组都不是个事,在这儿都是事,管理很严格,他完全不能接受。任何一个新人到了这个团队,头一个星期根本接受不了,跟他想的特别不一样,那种制度的关系。但我就知道,每次跟他们一聊,赶紧先写报告,赶紧。你给我拿来,我先批,我们一层一层要审计。因为给谁多少钱毕竟是一个很大的实操。

还有,要"廉洁办奥运",我觉得这个制度是对的。像拍电影(有个说法是)"要想富,当剧务",拍电影中要有金融犯罪是很容易的,全靠自觉。这种严格的规章制度底下,真的是可以做到廉洁,但它就不像我们想的那样,说来就来,做不到。你就是总导演,再重要,说来就来,做不到。当然,后期像最后还剩三周的时候,中央领导审查,提了一个意见,说这时候制作紧急,那领导们就在一起,包括国家审计处,专为我们设"绿色通道",事情要加紧办,因为还有三周奥运会就开幕了,不能按常规办。这时候,最后三周才有"绿色通道",才有可能快,今天

要 500 个旗，明天上午有可能拿来，因为这时候已经没有时间了。前三年都不是这样的，你要就来是不可能的，而且你指定说谁谁谁都不可能，我们都用了很长的时间适应。

他们说，大型活动也是，做晚会更是这样。中国晚会这么多，哪个晚会都几千万，都是"啪叽啪叽"花钱，到这里了他们都不适应，所有的大导演、小导演、值勤导演、分场导演，都不适应。这才知道什么叫体制内，什么叫国家制作，而不是某一个公司的制作。

张 英　外国人看了开幕式之后还感叹，至少他们在评论中使用的语言是，想象不到还有谁用得了这样的资源，制作这么大一个作品出来。他们在对你的采访提问中有这样的误会或疑问吗？

张艺谋　都没有说这个，他们只是觉得——其实我觉得我们是两种东西 1+1 产生的效果，其一就是人的表演。我老说我们人的表演整齐到了一个程度，整齐死了！就是这种传统的整齐动作会带来美感，这一步我们中国人通过严谨、刻苦的训练能做到。像那活字模，是一听口令完全做到，像电脑一样，外国人很惊叹，这是我们中国人的志气，我们把人的表演通过努力和聪明，能做到这一步，人的表演（做到）这一步已经是很多外国人做不到的。

我排过西方的歌剧，那个麻烦呀！一个星期只工作四天半，中间要喝两次咖啡，不能加任何班，稍微有一点不舒服都不行，那个排练能把人急死，哎哟！一个星期，我都觉得（换）咱早就能把它排整齐了，他们有时候队伍都没站整齐，就是这样。你还不能说谁，他们是有组织的，也很严格，明儿"哗"给你换一批人来，你刚有点熟了。他们有各种工会制度，咱们不是，咱们能吃苦耐劳，训练一个星期下来绝对是他们两个月的层次，所以我们的演员可以做到这样的表演质量。首先，他们为人的表演质量叹为观止。

其次就是我们的理念和科技的使用，又有非常新鲜和不同凡响之处，这俩加一块儿就挺难得的。他们可能在科技和理念上能达标，但不一定在人数上能达标。我觉得这俩加一块儿的，目前只有中国，一点不带吹的，老外看我们这个表演，凡是懂的，我们现场的质量他真的认为他们做不出来。他们也懂，就算科技和理念能做到，甚至比我们做得更好，但人的表演做不到这个程度。就活字模这一场，他们一定做不到那样的程度，他们那个自由、松散，他也不能提要求，提要求是不对的，这个东西就达不到像键盘那种味道，出不来。

老外特喜欢谢幕，一开始我们的谢幕是5秒钟，"啪"一翻板——"啊！"BOB总裁、NBC总裁都跟我说："不行，这个得10秒、15秒，太可爱了，一开始我们都认为是机器。"一出来就"啊"，他们都觉得特别好，后来就为了这个，我们给击缶也增加了一个谢幕，他们都特别喜欢。击缶完了以后，最后灯一关，全是红鼓槌，最后"嘭""哼"就收了，很干脆，下一场就开始。后来也是老外转播公司那个老板给我出主意，说你们击缶的谢幕太可爱了，打得真好，真整齐，后来我说谢幕采用什么方法，就跟他们商量，就用了欢呼，四面来，要乱一点，要热情。结果第一次谢幕，老外就高兴了。他们很喜欢，觉得这样两种东西都有，人的东西也有了。

我觉得像这种表演质量，像击缶，像活字模（就是印刷盘子）这种表演，这样的表演质量是西方国家很难达到的，且不说他的人工有多贵，他们很难达到这样的精准，所以你两手都要硬，两手放一起，做一个非常好的搭配，才有这样的现场感，我觉得这是比较难的。单手抓可能都比我们好，但两手搁在一起，又要相得益彰，大部分时间是和谐的，这是挺难的事情，所以这一类所谓多媒体跟人在一起的表演，本身就少见。因为我们要做多媒体，就看了许多多媒体的实验性表演，在小剧场，在时装发布会上，在某种艺术表演上，它都是做一点小感觉、一个小细节，就完了，没有在广场上360度做。

张　英　　没有机会？

张艺谋　　不是，难度很大，因为多媒体像大卫（·科波菲尔）的魔术一样，都是一个限定的观看空间，后面要营造一个光的暗区，把影像制造成半真半假的样子，让演员在特定的观看角度下跟影像做互动，亦真亦幻，这都需要一个专门的观看空间，不可能360度看。还有，它也不可能跟这么多人热气腾腾地在一起，哪怕是个理念，哪怕没有做动作上的衔接，互相帮忙，红花绿叶，这种大型多媒体都很难。

你看多哈有钱多了，他们也是把银幕剪成月亮形，摆着做银幕墙，仅此而已。银幕墙上有船，真的一个船下来，那就算是互动了。我们这从头到尾跟着表演在滚，你中有我，我中有你，这是相当复杂的。我在媒体上也说，十年之内（我也不往远说）挺难复制的，因为做过这个，我知道。两头都要搁在一起，再搭上文化符号和独特的文化角度，十年之内是很难复制的。

所以，我觉得伦敦必须另辟蹊径，要去找自己独特的角度。我也说了，多媒体这块儿可能挺难超过我们的，因为多媒体需要准备很长时间。大型化的影像上，电脑重新数字化再制作，再生成，一秒钟的改动都需要几个月，真的是需要很长时间，要两三年的准备。我们的多媒体影像都做了两三年了，还有的影像做了一两年，最后不要了，几家公司在做。就是太难、太复杂了。你想，都得想好才能通知人来做，这个海要不要，你必须想好，真的不改了，好，就这个海。那要一个什么样的海？浪是什么样的？什么感觉？你通知，他去做了，64个凑在一起做文件，一下就是三四个月的工作期，你现在不想好，就不敢交给他做，订了合同你都不敢说做。可是等你想好了，他说对不起，那我没时间了，两周时间绝对不够，经常这样，所以多媒体就是要受到这个制约，各方面都要咬合好以后才让电脑公司去做多媒体影像，一步一步，而且我们常常是几种影像混合在一起的，这也是挺麻烦的。有荧光屏的影像，有电脑灯的影像，有传统的PG灯的影像，把几种不同影像混合在一起，让亮度不要互相抵消。

一个亮度抵消，就会难倒所有的人。简单地说，电视一开，所有的影像黯然失色，你怎么平衡这个东西？一个大荧光屏像一个灯箱一样的，当它一开的时候，"唰"，所有影像就没了，连演员脸上正常的照明灯都会受影响。你都要去克服，都很细节，所以多媒体复杂就复杂在这儿。一个大型的广场多媒体表演，要有两三年的时间（准备），一点都不夸张，还得先想好。

可是奥运会常常有审查、检查，比如国家奥委会的意见等，还有很多改变，最后根本坚持不下去。我觉得我们也是历尽艰辛，终于把这条路坚持下来了，今天中国老百姓如果喜欢，觉得新颖、震撼，在很大程度上我认为是冲着多媒体的立体表演所带来的新鲜感来说的。唱歌、跳舞新鲜不到哪儿去，对不对？是这样的，它加在一起，也改变了唱歌、跳舞的某种常规性，包括点火，整个是这样一个多媒体的大型互动所带来的新鲜感，使许多常规符号、司空见惯的东西，看起来不一样了，这就让老百姓觉得"哎呀，很特别"。

我知道是胜在哪儿，这个点打在哪儿，但是这条路是很艰辛的，要付出很多，并且要深思熟虑。我觉得这也是我作为电影导演的一个长项，但并不是所有的电影导演都能掌控这个，话又说回来，并不是你会拍电影，你就会运用多媒体。

我现在一点不惭愧地说，运用多媒体，从观念到技术支持，我肯定是中国电影导演里面第一位，因为经过了这个锻炼。但真是，我们也走了很多很多弯路，其实我知道如果时间富裕，如果可能的话，我有很多东西，可以重新调整，比如说再给我三个月，一定比这个好一大块。一定！（不过）都来不及了。

张　英　　比方说哪一项？

张艺谋　　那太多了，所以那天他们让我打分，我说我给我们团队打一百分，这是毫无问题的，这是一个杰出的、出色的、团结的团队。但是我自己知道，比如再给我三个月，最简单地说，我把一些影像做得跟演员的动作再咬合一下，就大不一样了，我都来不及做。你知道简单的一个咬合，比如说划桨的人这么一划，水才能动，这就是最简单的，而不是水动水的、他划他的。这个东西要求划桨的舞蹈一点不要动，音乐不要动，就现在这样，定了型了，然后我掐着这几秒几分的时间，你动我也动，大家在一起，就像这样一个最简单的咬合，没有三个月，做不出来。

因为这个划桨的表演是现在才定下来的，一定就练、练，改、改，到最后8月8日临近了，这个动作定下来了。一定要动作定下来才去做影像，影像做完你就不能改了。你往左我影像往左，你往右我影像往右。你现在说不行，我把这个改了，那不是白做了？做一次（影像）要三个月。我就随便说说，只要给我三个月把影像的某些节奏改一下，某些方向改一下，你会看到一些更梦幻的感觉出来，因为有时候就一点点东西，它会产生一种梦幻感。这都来不及了。

所以我只给我们团队打一百分，我觉得自己其实还可以做得更好，但是来不及了。因为那时候我就跟他们说，我说我们只有这次机会，当我们锁定了多媒体这样一个前进方向的时候，在大型广场上这样做，全世界都只有这次机会，只有这个班子可以这样做。以后别人就很难再往这个方向走，往这个方向走就撞，可能一下撞到你的怀里了。要超越，要比你新，就是我说的那个两手都要硬，就难了。他们有30个演员可以做，但是他不能有3000个演员这样做，你知道你的影像是3000个演员在一起的时候的那种浩瀚感、庞大感，完全不是30个演员跟影像互动的力量（可比），所以它就是互相地做加法，我觉得这特别过瘾，会比我们看多媒体那种实验性的、小剧场的趣味性要宏大。一般我看多媒体的表演都是趣味性、视野性、品位性的东西，我们做的是宏大的，我觉得这个宏大是跟这么好的训练和演员，和他们的那种动作都特别有关系，这是很特别的。

张　英　　开幕式的演员有一个确切数字吗？

张艺谋　　开幕式大概一万四千多，不到一万五。很庞大的数字，因为它整上整下，你知道吗？你看到这场表演比如是2500人，演完3分钟下去，那个2500人整上整下，不可能去换衣服的，哪有时间，2500人换衣服，多大空间，来不及，所以全是化好装、穿好衣服，因为只有五十几分钟，整场整场切换的，所以我们上下场是一个特别科学的运转，谁坐几号门，谁坐几号门，通道互相不干扰，互相不影响，这种整上整下才会带来那种感觉。我觉得这都是外国做不到的。这样才能带来不一样的感觉。

张　英　　所以你们完成了一个不可能完成的任务。

张艺谋　　对，在西方来看，是这样子。我认为他们看，不仅是这些技术多么叹为观止，我认为他看到的是1+1，现在新版《阿里郎》也出来了，如果他看北朝鲜的《阿里郎》，他是在这个意义上叹为观止，就是那么多人的动作的整齐。结果他看到技术，又看到（整齐的动作），看到这个1+1之后，他们就产生了放大感，真的是有叹为观止的感觉。

运气与责任感

张　英　　伦敦奥运会的人有跟你接触吗？

张艺谋　　有，他们"8分钟"还要来，闭幕式还要来。开幕式以后我还没见过他们，他们过几天就会来谈闭幕式了。

张　英　　他们压力很大。

张艺谋　　当然有压力，不过我觉得其实也不应该有压力，因为文化是没有可比性的，他（们要）寻找到自己的方向……

一定要找他们自己的方法，只是这种多媒体和大量的人的互动表演，在广场上特别有效果，立竿见影，而且持久。你看一开始那个画卷是多媒体的，荧光屏搁在底下，我们老觉得观众会不会腻味，时间一长（要不要）把它拿走，后来也拿不走，觉得就把它套上做了，但我们一直担心观众会觉得烦。最后发现它在现场的功能观众不烦，现在还很好地评价它。他们把意图全说出来了，观众或老百姓说就是一个古老的画卷，一直延展到今天，他们全明白了。

我觉得影像的大型化和实用化,能带来广场的那种速效感,很直观,任何人都看得懂,这是它的好处。但影像有它的廉价感,因为电影电视的普及,它廉价了,你就要想办法克服廉价感,这一关很难。我们做的不是最好的,但我们一开始就注意这个,所以完全没有传统地放电影和放电视,就比如春节晚会后面放的那些影像,宣传教育那些都没用,我们是通片做的,每一秒都是,就算拍了这个片子,高清拍的,回来还要再做,要尽力往上,做得让它有美学品位。这都耗时耗力,是一个工程。

张 英　这些多媒体在闭幕式还会使用吗?

张艺谋　使用得不多,因为不用老翻来覆去的,还有,闭幕式我们没有装台时间,马拉松一结束就开始,场地是比赛用的。

张 英　限时这么短?

张艺谋　场地是比赛的,不能装台,直接上去表演,所以应该不允许有重大的中止,根本不可能。这样实际上都是一些临时性的装置,在 10 个小时、20 个小时内能完成的,这是第一。第二,闭幕式其实要走另外一个感觉,我自己的感觉应该是节日快乐，是圆满，要营造大家在一起快乐的（感觉），更加注重跟运动员之间的（联结），因为闭幕式是代运动员表演的。开幕式演完以后，场子都是我们的装置，我们把想说的话说完了，就把它收起来，腾出场子，运动员才进。闭幕式不是的，闭幕式是运动员不分彼此，不分国别，所以入场时很快，全部205个"哗啦"就进来了，他们进来以后（闭幕式）才开始。满场都是运动员，就没有舞台了，所以更注重的是跟（现场）这一万个运动员——闭幕式没有一万，也得有8000人进来，你是跟这些世界的客人，跟他们同乐、同庆，更注重的是跟运动员在一起的快乐，我觉得全世界的闭幕式都更像一个大Party。

张　英　　Party？

张艺谋　　对，大Party，就是这样，我看希腊也是这样。已经放松了，是一种告别，一种喜庆，应该是这样。还有，它也没有机会再去营造重磅的装置，重型"武器"完全进不去，没时间。

张　英　　开幕式后的张艺谋已经轻松下来了？

张艺谋　　也不能这么说，我们还有三个仪式。闭幕式和残疾人奥运会的开幕式和闭幕式，都是我们这个班子负责。

还有，其实在开幕式预演中——我们在30号有预演，2号有预演，5号有预演——我们已经收到很多观众的反馈。这三场预演的观众差不多十七八万。我们听到了许多意见，所以现在我也不像外头想的，好像一片赞扬或一片褒奖声就怎么得了，或者说很兴奋，我都是平常心，但有一个放心之处，就是终于可以给全中国观众做个交代了。

黑泽明有一句话，大意是"你可以征服全世界，你不可能征服你的家乡"。大概指的是家乡的人是最挑剔、最不容易满足的，所以我比较幸运的是可以向家乡父老、向全中国人民算是有个交代，我们的工作、我们付出的所有就都算有所回报了。大家喜欢，大家满意，大家觉得弘扬了我们民族文化，那就再好不过了。

其实对于艺术的判断，从来就是众口难调，如果我们单纯看一个艺术演出的话，它本身就是"萝卜白菜各有所爱"，是无法统一也没有统一标准的，这本来是规律，但这件事情又是最难办的。还好，我现在听起来，大家都比较满意。所有人，不是我一个人，我们团队所有人的心都能放下来了，至少现在，就会更以平常心来做后面三个仪式了。

你要倒过来想，如果我们栽了呢，如果我们砸了呢？那现在这个团队会弥漫着什么样的心情？可能都很沉重，开玩笑地说：你不能出门了。那是开玩笑，但是你觉得，你能抬得起头吗？因为当年接这个总导演职务的时候，我就已经知道是这样的情况了，那真叫"无颜见江东父老"，而且是再没有可能性了。拍电影你可以拍三部垃圾、四部垃圾，第五部"哎哟"，那你还是了不起。这次怎么可能有第二次机会，怎么可能纠正错误？不可能的。

所以从这个角度来说，算是一块石头落地了。我们老开玩笑地说"8月9日见分晓"，就是我们面对大家。其实我没有专门上网看多少东西，我就是看看报纸，但基本上大家——我不敢说"每一个人"，我都接了多少短信了，其实慢慢地就通过周边人，不用刻意做民意调查，我已经感受到普通观众对它的态度，其实就可以了，已经知道大家是喜欢还是不喜欢了。现在看起来，是大部分观众都喜欢，那就太好了。

我就觉得活字模是个奇迹，那个练了快一年，10个月都不止，12个月，我从来没看见过这八百九十几块一次没卡过，排练到8月8日以前就从来没有过100%完好的预演。它上下容易卡，一上要四米多高，每一次最少有一个会卡住，演着演着它一歪就卡住，关键是人在上下动，你想垂直上下动，放低一米四，放高四米五，这样垂直，歪一点，抬个柜子还抬不好，"嘣"就卡住了，卡在中间哪个点，一着急一拉，就更卡住了。一卡以后，老外就笑，大伙儿都笑，觉得很可爱。然后卡的那一块不能谢幕，但在谢幕的时候不是要放低吗？"啪"，人钻出来，每次卡到半路的时候，他就放不下来，也翻不下来，着急的，大家都在谢幕，他着急地出不来，大家都在笑。

每次老外都跟我开玩笑，说咱们赶紧设计一下，大家都谢完了，剩他一个出不来，迟到了，都拿他开玩笑。大家都认为会发生那个事，而且我们每次都说那没关系，因为这种广场活动有一两个卡住很可爱、很人性化，我们都这样说，跟"战士"这样说，跟演员也这样说，说你们放松，不必（紧张），坏了就坏了，正常。

每一场都有卡住的，我们8月8日那天一个都没卡，就是奇迹。只能说完全是那天的运气。刚才跟部队首长谈的时候，我说这叫"天佑中华"，开幕式没下雨，所有的事情都没有发生。原来很担心运动员中会不会有些不愉快的事件，担心这样那样，结果所有的流程一点事都没发生。

就是一个国家国运昌盛，像这个事情，是碰运气的。那些表演者都是非常认真的，细心得不得了，可也不能完全肯定，因为左右、前后都会碰，你没有卡，别人把你碰一下，你卡住了。但居然那天一块都没卡，这不是个大运吗？

李宁的点火就堪称完美。大家说他跑出一点影像，那我们试验中也是那样，因为影像不能再改了，有个上下坡，影像一改就要三四周，所以我们说好，那个前前后后没关系，观念而已，每次转到主席台那儿，它的位置特别好，那都是我们知道的。李宁只做了两次，全方位地，带着影像，带着音乐，带着所有的东西，只做过两次，那是第三次，完美，是做得最好的一次。

只有一个小问题，后来我们说怎么回事：我们有一个宇航员从空中下来，他不是一摸地，地就开了吗，那天他的衣服没亮，本来是发光的，另外两个宇航员的没亮，就那一个小毛病，但那是非常小的毛病，大家都没注意，从来没有衣服不亮，那天就突然不亮了，开关坏了。

所以我就觉得——当然我们不是唯心的，但我觉得做这么复杂的大型活动，那天一切都正常，太难得了。我跟很多导演交流过，都是经常发生的事，表演当中倒了的，担架抬出去，你在边上都没看见，各种事都有，在镜头中没有显露。（这是）非常正常的，不出事才怪呢！非常正常，不出大事就行了，一万四千多人在那儿上上下下，你想想看，太难了，结果我们那天真是很顺利，所以我就说，这是我们国家和民族的一个幸事，我们那天真的是很有运气。

张　英　　你现在瘦了很多，程小东说你小了一号。

张艺谋　　我原来就不胖。

张　英　　你的同事在纪录片里说，这三年里，你是随叫随到，开会通知即来，废寝忘食的状态。

张艺谋　　我其实不像别人说的有很多大的口号，我觉得自己其实是很现实的。从七年前接手这个事，不管是申奥片还是什么，很坦率地说，从做艺术工作来说，我觉得这个事够大，够有成就感、满足感，就是因为它够大，我先不说国家、民族那么多东西，我因此就很愿意做这个事情，我觉得很值得，在你的生命中能碰上这么一个大事去做。

所以就接手这个事情，参加竞标，等等，但前面那些事都是短期的小事，真正进来之后的三年，除了个人的想法之外，我觉得这个够大的后头真是有非常重的责任感，慢慢就感觉到的。你想,我们跟那么多人做,要开会,自己经常上网看,看网民的想法,怎么点火,怎么弄这些,大量的(接触),会慢慢觉得我真是承担了巨大的责任感,不能退缩,必须搞好。这时候,个人对这个事情的大的满足感就退下来了,就变成都不想道理、不说深刻,也不说伟大,我就是觉得绝对不能掉以轻心,必须全力以赴,所以不惭愧地说,我从来没有过一秒钟的松懈,从来没有,一直是脑子里想着这个事。

当然,有痛苦,也有快乐。这个坎儿不能过,这种事情创作中常有,只是我从来没有过这样一个情况。我拍任何电影,自己都把它看作是一个创作。那个电影大家虽然骂声一片,或夸声一片,我从来不为所动,我觉得那是很正常的,有好有坏,有高有低,有喜欢有不喜欢,我从来都是尽量让自己放轻松去做创作。还有很多剧本,在一开始你知道这个层次,但是不能不拍,或者没人去拍,知道拍出来要骂,那就骂吧。

但只有奥运会这个事情,我是调动自己所有的精神和所有的脑力——如果我们是叫脑力劳动者的话——每分每秒都是全力以赴的,一点都没松懈。而且我尽量使自己做到客观和清醒,因为我知道在我的这个位置上是一定要客观和清醒的。张继钢刚刚夸我的那两句话,他是真心的,我也确实认为是这样子,我确实只认事,从来不想任何额外的(因素),好就是好,不好就是不好,尽量客观、清醒,那就是我的判断。我如果错了,那是我的问题,但好就是好,所以我们大家都知道,我们团队的人都知道是这样子。

意见与调整

张　英　　领导看节目的时候会提意见吗?

张艺谋　　当然,有时候会碰到很大的领导审查以后提的意见,我就要清醒——没有机会去反驳,也不可能去反驳,也不可能说"这个意见不对,不听",那怎么办?那就要清醒,分析这一切,然后做调整。即便你认为这个调整根本没有必要,我不调整那是不行的,要调整。张继钢好几次说"不调整",不行。要调整,我跟大家讲得最多的还是那句话,我说领导也是人,我们不看领导是领导,我们看他是一个人,他从观众的角度发表的这个意见,是不是也能代表相当多一部分人的看法,是不是?那你就是要听一下。如果你要调整,我就跟他们说,我说全中国的观众只看结果,不看过程，没有人关心你调整是因为什么调整，所以你的每一次调整，不管是被动的、违心的，还是你愿意的、主动的，你的每一次调整必须是全身心的，不管是什么原因，调整完了以后，你必须让它还要有魅力，你必须让它还要生动，你不是调给谁看的，你不能跟全国观众说这是谁让我改的，看这个不好看了吧，看我原来多好看，谁听你说这个？你向谁解释？你必须把它调到生动，这就是我们要做的，所以我始终是这样的心态。

我觉得自己既然作为我们团队的核心，我一定要这样，所以我有时候会说服各种人，因为大家有很多牢骚会跟我说，我每一次把意见拿回来，一传达，我们这帮人全说半天，都不听，因为没时间了，很多东西根本没时间了，不听。他们可以说，"不行""来不及了""根本不可能了"，每个人都可以表态，每个人都可以生气地走了，"这活儿没法干了"，每个人都可以在我面前这么说。我不能说"这活儿没法干了"，我都还要说"你必须干，你没法干也得干"。我就得按着所有的人，必须干，而且我还告诉你，就这两天时间，还要搞好，一定要搞好，我跟你一块儿干，我跟你一块儿熬，不是说我把压力转给你，我跟你坐下来想办法，你留下来，我们俩谈，10个小时、20个小时，一定想出办法，我比你还急，一定把它攻下来，而且还要改好，还要生动。全国人民就看结果，谁问过程，过程也不能拿出来说,本来这种工作就是要面临各种困难,这就是中国的国情。

张　英　　领导的意见对节目的影响大吗?

张艺谋　　其实我们的大领导、小领导几次审查提的意见我都特别重视,我都记下来了。你问我们团队,我回来传达的时候,我都说领导意见是对的,我都是这样说,我连党员都不是,我连团员都不是,我根本不是说要拍马屁干什么,说空话,我是说真心话。我说为什么领导的意见是对的,当三个领导他们都不喜欢这个的时候,他们是三个观众,不是政治的问题,就觉得这块儿不好看,怎么这么暗,或者这个颜色怎么是这个样子,或者太慢了,大部分领导都说这个地方有问题,他们是观众,照这个演出去,肯定有问题,肯定有更多的人说这慢了,这不好看,所以我说我们不要去管是多大的领导,而是你记住了,他们是第一批观众。

经常是领导一来几十个,大家坐下来谈,凡是三人以上的意见,我都一定要改,我真的是这样,因为我已经感觉到这是一次检验。因为领导知道这是国家的一个大事,知道这时候时间不多了,现在新的领导都是大学毕业,都是硕士、博士的学历,跟我的年龄都相仿,经历都一样,插过队，都是这个年龄，所以他们根本不是空泛地提要求，而且都知道时间很紧了，但是觉得这块有问题，这时候我当然就得再考虑。从这个角度来说，这根本不是所谓的政治问题，而确实是大部分人——三个人以上——如果否认这一点，这一点一定有问题。我们不是说顺着这个意思改，我们最少也要改到我们觉得它比原来好，下一次让领导看，我们觉得领导不会认为不好。因为他们都是人，我觉得现在的领导是很开通的，真的没有给很大的压力，只是说他们看完后要发表意见，要坐这儿谈意见，我就觉得（经过）这几次修改也获得了很好的提升。

张　英　有具体的例子吗？

张艺谋　举例来说，7月16日我们第一次彩排，领导看了，提了很多意见，当然那时候做得也不是很好，当时很多意见，而且反响一点儿都不好。7月16日，（离开幕式）不到一个月。我觉得我们都很清醒地对领导的意见进行分析，然后就加紧，以最快的速度，差不多10天、两周，做了紧急的调整和修改，那些修改都是最关键的，那时候才开"绿色通道"，就是我刚才讲的。

我们的制作部门和所有秘书以最快的速度工作。第二次是7月30日，7月16日到7月30日，14天，所有体育界的领导再看第二次,"哗"就不一样了。我认为那14天对我至关重要,那14天就有点玩命,但玩命不光是你不睡觉的事,而是你这时候一定要做出最重要的取舍,什么动什么不动,你知道再动一次,到7月30日的时候,就没时间动了。因为我们8月6日以后还有很多安检的事情,我们都进不了,还要修改什么的,都进不去了,我们也没证件。7月30日带观众,根本不可能了。

所以那时候我就知道,那14天的修改最重要的是判断什么改什么不改,最后一次机会。那时候我比较紧张,大家都很玩命,基本不睡觉了,但要想得很清楚,所以还好我们都改对了,所有修改的地方我认为都改对了,包括你说的拿掉皮影,压缩成一个短的节目,因为当你不能保证它出色的时候,你让它短一点,当你觉得有些问题的时候,你可能应该拿掉,没有其他办法。有时候减就是好,到那时候我才真的体会到希腊那个总导演说的那句话(的意义)。他也是过来人,这人非常好,跟我也是非常好的朋友,来我们这儿看过,跟我聊过。我夸他希腊的开幕式是很难超越的,他像个小孩一样,特搞笑,因为他比我小,他说他是我的粉丝,特别开心。

我看到他在报纸上说给我的三点意见,其中有一条大意就是这样:"当你觉得有问题的时候,恐怕你把这个减掉就好了。"这是他的意思,果然是过来人,就是这样的。那时候不是说再把它变一下、加一下,没有,咬牙拿掉,就好了,最少它不会让人在这儿半天不舒服,短一点儿就好。

所以我认为我们后来的戏剧补上这一段是仓促的,但因为短、小、节奏快,过去了大家也就过去了,不在那儿停。但如果你说我拿掉皮影,我还要把这七分钟填满,那就死了,根本填不了,来不及,或者修改皮影,都来不及。好多这样的事情,我觉得像(面对)这样的情况也是需要清醒的。

所有人的努力是最伟大的

张　英　所有跟你合作过的导演都说,张艺谋是个苛刻的人,而且往往会先废掉大量他自己的想法。是不是因为首先你对自己苛刻,所以他人才没任何怨言?

张艺谋　对,也许吧。我有很多很多想法,苦思冥想的想法,坚持三个月、五个月,有时候我自己首先把它撂掉了,认为这个想法不好,不是不好,是有问题,就把它剪掉了,这很正常。我不迷恋任何东西，我觉得在这样一个重大活动上迷恋某种细节是有害的。所谓苛刻，实际上我算是俗称的完美主义者，只是在其他方面无所谓，在艺术上可能就是这样追求完美的性格，所以老是"语不惊人死不休"，自己跟自己较劲，我属于这样的性格。

张　英　开始拍宣传片的时候，你说奥运是天大的事，现在还这样认为吗？

张艺谋　还是这样认为，我觉得还是在于最后的坚持，就是要坚持。还有，一定要保持清醒的平常心。经过这个锻炼，我觉得保持平常心很重要，保持平常心，保持意志力，保持坚持，就是毛主席说的"再坚持一下的努力之中"，真的是要保持。还有心态、平常心太重要了，所谓的平常心不是说像没事一样，而是说你接受所有的东西，你面对所有的东西，你一定要知道这一切都是客观存在的，是应该的。

比如说，做奥运会总导演，你要接受这么多审查，当然是了，因为它是奥运会，它是一个民族、国家这么长时间（努力）拿来的，怎么可能没有那么多次审查和汇报，所以保持平常心，对事物的认知要有清醒的态度，要看到它都是正常的。你不要觉得你受了委屈，你不要觉得你被扭曲了，你不要觉得好像你的艺术、想法那么伟大和值钱。

我老跟我们团队这些人讲，我们其实都是渺小的，你要去做的这件事情是伟大的，所以你要调整，才可以在心态上坚持。我相信有很多人坚持不下去，有很多人要崩溃，或者很多人要"死"过去，大部分都是因为自己过不了自己这个坎儿，困难实际上就是这样一个困难，肯定是，但这个人过不去，就说："哎呀，我都两年多了，我这个想法太好，现在让我拿掉了。"他过不去，他就觉得他要死了，他就觉得完了，还干什么呢，愤怒死了，那就都不行。所以，也是这样的心态让我自己没有发出他们那种感叹。

我看每一个做完奥运会的导演都发出那种感叹，绝不再来二回，同时都好像掉三层皮，像九层地狱出来的感叹，我自己还真没有。我知道对我是一个非常艰苦和艰难的创作过程，但是我真没有好像九死一生的感觉。

张　英　　张继钢说把开幕式当作一个金牌奖励给自己，这代表一种肯定，你怎么看？

张艺谋　　如果开幕式是块金牌，我愿意把它给整个团队。我还是这么看，这也不是谦虚，从一开始接这个活儿，我就跟我们团队的人说，这是"成也张艺谋，败也张艺谋"，他们都知道，败了不用说，骂的一定是我，成功了也是无数的赞美和无数的观众都落在我身上，这是一定的。所以这就是为什么今天下午我一定要去看舞蹈演员刘岩，有很多感叹，因为那一幕在我眼前发生，摔伤的整个过程。

张　英　她是在哪一段？

张艺谋　"丝路"那一段，在纸上的读物，出现了一个意外，她就从三米高的地方掉下来了，就在我们眼前发生，所以我看到了这样一个过程。还是很感叹，我们都给她写了一些话，我觉得刘岩很坚强。

也就是说，像这样的事情，像这样的无名英雄，付出了甚至后半生的青春，一个青年舞蹈家受了很重的伤，还有很多很多这样的人，但是奥运会成功了，所有的人会先说张艺谋，我在网上都看到许多老百姓这样说"张艺谋你真牛""民族英雄"，很多这样夸奖的话，我一点不会"范进中举"，就是我知道成功了会这样说，无数的光环会先搁到我的头上来，但我还是认为这是团队作战的成果，无论怎么样，这绝不是一个人能完成的事情。

跟我工作也要吃这个亏，成了也都说你，不说别人，把别人都忘了，说得少，我们团队就是这样子。尤其是电影，完了就说我，当然我有了访问，你们问我，我也得回答，似乎我一晚上就是在说自己。

其实我觉得要说金牌，要说真正的胜利者，是这个团队，是大量付出努力的人，他们只是听从你的指挥，他们只是遵照你想的创意去冲锋陷阵，你知道有时候这一仗能不能打胜，他们自己无法掌控，他们拼全力去冲锋，无法掌控这一仗是胜利还是失败，但是他们不冲锋你就不能胜利。

所以倒过来想，我就觉得所有人的努力是最伟大的。你可以看作奥运会开幕式是一个全世界最大的行为艺术，因为作为艺术家，你是一个指挥官，这个行为成功了，你肯定是满足得不得了，但他们是怎么样冲锋的、过程怎么样，固然融在这个指挥官的个人意志、个人品行、个人性格、个人爱好、个人素质里面，但更重要的——我这回真的体会到——是庞大团队的联合作战，所以一将功成万骨枯，我们不说后面三个字，"一将功成"实际上是无数人的努力，这是一点儿不带夸张的，所以我自己也在这一点上很清醒，在一开始接这个活儿的时候就很清醒。像继钢、维亚也常说，说艺谋，你看这将来都是说你，反正骂也肯定是说你，夸也是说你，这都是开玩笑。实际上我在这点上也还是保持平常心。

张　英　　你开始做的时候，已经把自己当作是开幕式一万多人中的一分子了？

张艺谋　　当然是担的职务不同，所做的决策不同，你是一个带领者，是这样子。我在给刘岩的册子上写了两句话，说："刘岩，在开幕式的一片赞扬声中，我永远也忘不了你舞动的身影。"我真的是这样感觉的，我说："你是我心中最深沉的一个痛。"为什么？在整个开幕式中，正常的伤病都有，但这个在我眼前发生，而且她是一个年轻的舞蹈家，我就觉得很难接受，所以我们都说她是我们真正的英雄。

张　英　　还有四川那个小孩林浩，你是费了很多周折把他找到的？

张艺谋　　不是，是这样的——地震灾害发生之后，除了捐钱捐物之外，我们都意识到地震这个信息肯定要在奥运会体现一下，正好中央也是这个意思，老百姓也是这个意思，紧接着我们就拿了许多方案，大概有四五个点都可以放，然后我们就汇报领导，大家坐下来商量。

拖了一阵，我相信是领导也想拖一阵，不要即刻做决定，因为在某一种情绪下可能（决定）不准确。拖了一下，过去快一个月了吧，然后领导跟我们在一起开会，就定下来，只出一个点，点多了不好。我觉得是对的，毕竟这是中国人的节日和庆典，地震过去一个多月、两个月，我们不要让人再去感伤，不要让世界跟我们一起掉泪，但有一个点就可以了，所以后来，这个点是我们设计的。

因为不能让别的代表队和运动员有被强加的感觉——你们在这里缅怀，他们好像也跟你默哀，不能有这样的强加感，人家不一定是这个心情。所以，我们没有做带动所有人的行为，本来是有的，就没有做，我们自己祈福，领孩子入场，不影响任何人，在广播上讲一下这个孩子，这个小英雄。

当时我们估计姚明是旗手，谁是旗手我们并不（确定）知道，不是我们指定的，估计姚明是旗手，看网上也有老百姓这样说。点火我都看到（提）创意，一个点火创意是在姚明身上做个敬礼娃娃，巨人肩膀上那个孩子去点火。他也是一个中国巨人，一个非常好的巨人领一个孩子，孩子拿一个小国旗，我们觉得很感动，很人性化，这个点领导就都统一了，国际奥委会也汇报了，全部统一了。

你想，本来罗格还在讲话中要谈一下地震，最后也都没谈——我不确定知道说没说，大概谈了一点儿？确实是过去时间长了，不要让大家在全世界……所以那个点确定以后，我们要通过组织（联系），就报给四川民政局，然后文件到达，请他们推荐，他们推荐了三个孩子，三个小英雄，林浩最小，我们觉得反差很大。他们问我，说林浩够不着姚明的手怎么办，我说那就抓着裤子走，也挺好的，就定了林浩。

当时在现场有个差错，所以姚明一开始没反应过来，这是我们的工作疏忽——林浩要进入中国国家队、要跟姚明牵手这事一级级都报了，都同意了，都很支持，但是就没报中国队领队那一级，这完全是我们沟通环节出现了误差，没到咱们现场领队这一级，我没见姚明，也没问他，可能也没通知姚明，所以当时姚明都快走到主席台了，林浩进不来，是咱们现场的领队——好几个领队，不让那孩子进，他不知道是干吗的。他们说中国队一队队员，突然有一个小孩，他不知道是观众还是什么，不让他进，怎么在中国队里进来一个孩子，当时现场就说不清，着急的。

后来我们一看，姚明都快到主席台了，赶紧的，副导演就急了，我们就知道沟通出问题了。领队不知道，当然就不允许一个小孩跑到中国队队伍里面去，他以为是一个观众。所以说，抢也要把孩子抢过来，赶紧的，真是抢过来的，那边拦着不让进，抢过来，就搁在姚明跟前了，然后广播上讲，现在是一个地震的小英雄，他救了几个同学什么的，但是你在场内是听不见的，没有演说返送，我知道没有返送，场内是听不见的，着急。

我怕姚明不明白，但我发现姚明很聪明，他迅速感觉到这是一个设计。他一开始还有点不太清楚，边走路边看着小孩，但他迅速感觉到了，就开始拉着这个孩子，你看网上拍的，后来拍到他拉着孩子，最后还抱着孩子。我们就很欣慰，过了主席台的时候他就开始拉着孩子，因为那个小孩很可爱，所以那一幕，我相信能感动所有的中国人，也感动所有的外国人。因为我们原来是打算上字幕，后来跟国际奥委会交换意见，他们觉得字幕不妥，字幕上都是国家元首讲话，什么流程上的东西，他们说这个你不要打到字幕上去，你们拿广播讲，法文、英文、中文，结果大家都在鼓掌，为他欢呼，也广播出来。任何设计地震的点，确实还有国际惯例和国际心情（的考量），所以我自己也感觉这个点的新设计，分寸（拿捏得）很好。

张　英　　得体。

张艺谋　　分寸很好，所以是给我们（加）分的。

（本文采访时间是2008年北京奥运会开幕式的第二天。成书版本有所修订。）

图书在版编目（CIP）数据

张艺谋访谈录 / 张英著. — 长沙：岳麓书社，2024.6
ISBN 978-7-5538-2087-3

Ⅰ.①张… Ⅱ.①张… Ⅲ.①张艺谋-访问记 Ⅳ.①K825.78

中国国家版本馆CIP数据核字（2024）第101274号

ZHANG YIMOU FANGTANLU
张艺谋访谈录

作　　者	张　英
出 品 方	中南出版传媒集团股份有限公司
	上海浦睿文化传播有限公司
	上海市万航渡路888号开开大厦15层A座（200042）
责任编辑	刘丽梅
装帧设计	张王珏
责任印制	王　磊

岳麓书社出版发行

地　　址	湖南省长沙市爱民路47号
直销电话	0731-88804152　0731-88885616
邮　　编	410006

2024年6月第1版第1次印刷

开　　本	787 mm×1092 mm　1/32
印　　张	8.75
字　　数	160千字
书　　号	ISBN 978-7-5538-2087-3
定　　价	59.00元
承　　印	河北鹏润印刷有限公司

版权专有，未经许可，不得翻印。如发现印装质量问题，请联系：8621-60455819

浦睿文化
INSIGHT MEDIA

出　品　人：陈　垦
监　　　制：余　西
出版统筹：胡　萍
编　　　辑：普　照
装帧设计：张王珏
营销编辑：哈　哈

欢迎出版合作，请邮件联系：insight@prshanghai.com
微信公众号：浦睿文化